JN439906

참 좋았다

참 좋았다

초판 1쇄 인쇄 | 2020년 06월 30일
지은이 | 신현미
펴낸이 | 이승훈
펴낸곳 | 해드림출판사
주 소 | 서울 영등포구 경인로82길 3-4(문래동1가 39)
센터플러스빌딩 1004호(우편07371)
전 화 | 02-2612-5552
팩 스 | 02-2688-5568
E-mail | jlee5059@hanmail.net

등록번호 제2013-000076
등록일자 2008년 9월 29일

ISBN 979-11-5634-412-4

신현미

해드림출판사

+들어가는 글+

'글로 사랑을 전하고파'

몇 년 만에 책을 펴내는 건가? 아마 9여 년 됐을 것이다. 이는 게으름으로 치부해야만 하는 건지, 아님 열정이 분산된 건지, 되돌아볼 필요가 있다.

이젠 긴 침묵을 깨고 다시 창작의 불씨를 지피려 한다. 늘 희구하듯이 나의 삶은 책과 글과 영원히 함께하고 싶다.

이번 글은 거의 혼자만이 일궈냈으며 가볍고 편하게 들고 다니면서 읽을 수 있게 만들었다. 내용은 생활, 문학, 신앙, 여행 등 네 파트로 나눠 엮었다. 바람은 여기저기서 《참 좋았다》를 읽고 세상을 아름답게 보고 낙관적인 '안분지족'의 삶을 살아갔으면 하는 간절한 맘이다.

먼저 귀한 책이 나오기까지 애쓰신 해드림 출판사의 이승훈 대표님과 편집진, 그리고 첫 독자가 되어 원고를 읽

어주고 글 쓰는 것을 지지해 주는 평생 친구인 남편에게 고마움을 전하고 싶다. 아마도 하늘나라에 계신 아버지도 셋째 딸이 책 냈다고 하면 참 좋아하실 것이다. 다음에 아버지 산소에 갈 때 꼭 보여 드려야겠다.

앞으론 좀 더 부지런히 틈틈이 깊이 있는 글을 써 독자 마음에 사랑의 세레나데를 불러주고 싶다. 다시 한번 이 생명 다할 때까지 책과 글과 영원한 친구가 되기로 약속해 본다.

2020. 6.

묵동 작은 뜰에서

신현미

차례

2 · 나는 작가로소이다-문학

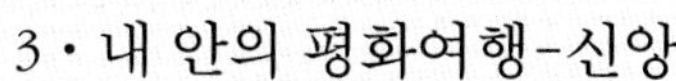

3 · 내 안의 평화여행-신앙

4 · 5월의 프러포즈-여행

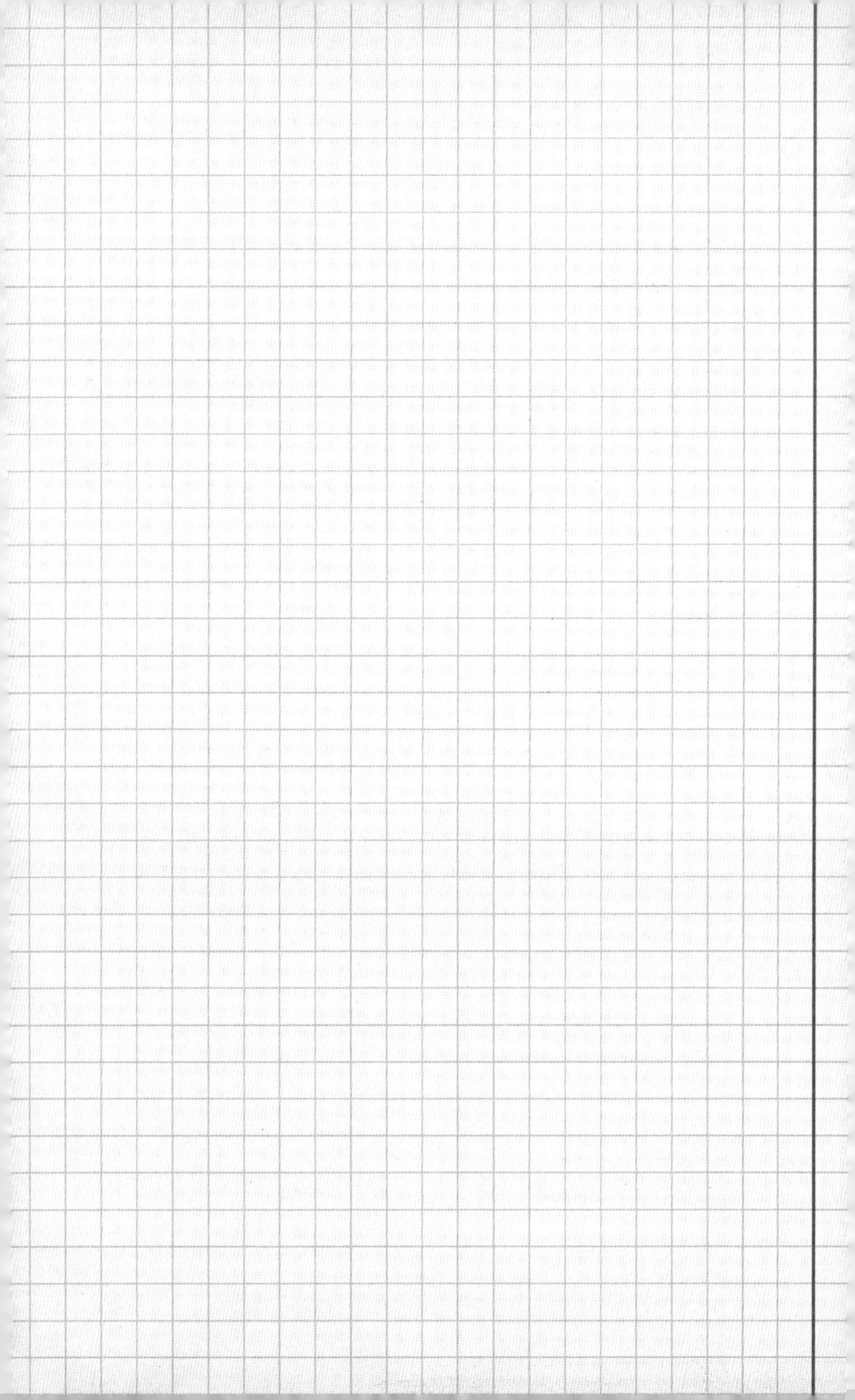

1

아버지의 빈자리

생활

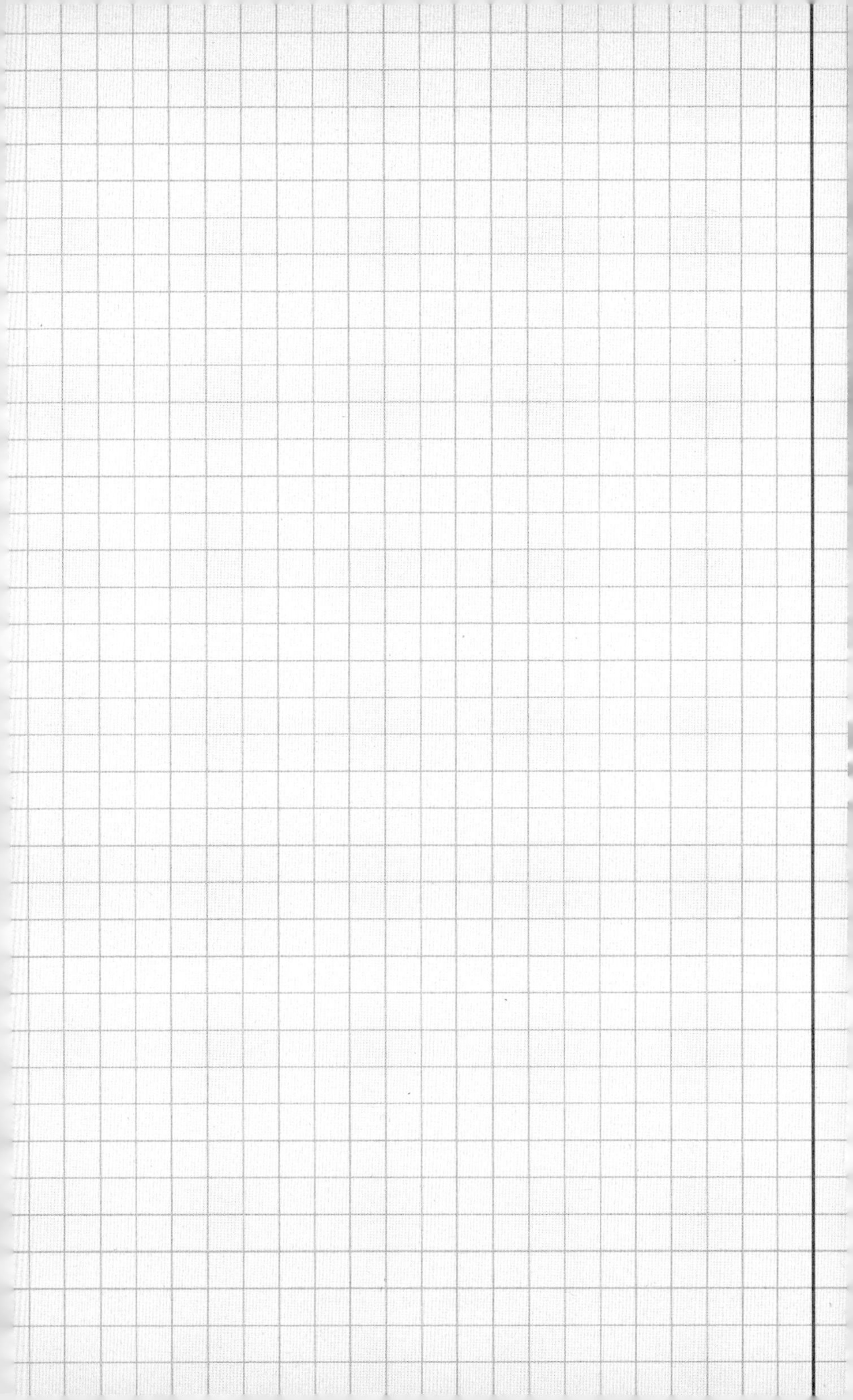

아버지의 빈자리

"아~버~지, 엄마, 어디 계슈?"

"엄마, 수돗가에서 그릇 닦고 있다. 뭐가 그리 깔끔한지, 나 원 참……."

이젠 전화해도 전화 받을 아버지가 안 계시며 고향 집도 없어져 버렸다.

아버지가 떠나신 지 벌써 9여 년이 된다. 아버지는 고향땅에 선조분들과 풍수지리가 좋은 곳에서 계신다. 생전에 말씀이 많으시다고 귀담아듣지도 않았었는데 가끔씩 아버지 목소리가 그립다.

지금쯤 아버지가 살아 계신다면 못자리를 한 초록빛 논

도 보고 아버지를 뵈러 고향 땅을 찾았을 텐데. 아버지가 떠나신 후 그 이듬해 엄마는 거처를 옮기셨다. 꿈을 꿔도 고향 집이 보이는데, 엄마도 혼자 오래 사시고 시간의 흐름 탓으로 가끔은 우울감에 젖어 있는 것 같다.

아버지가 사무치게 보고 싶으면 군대에 계실 때 찍은 사진을 들여다보곤 한다. 또 가끔씩 꿈속에서 주인공으로 나타나신다. 며칠 전에는 아버지가 고향 집에서 건강하신 모습으로 나타나셔 가족들이 도란도란 이야기꽃을 피웠었다.

우리 집엔 아버지의 손때가 묻은 괘종시계가 턱 하니 지키고 있어요. 그리고 6·25 참전용사 모자와 카메라를 유품으로 갖고 있어요. 지난번엔 우연히 장롱을 보니 우리 집 집들이할 때 아버지가 입으신 파자마와 양말이 있지 뭐예요. 울컥했습니다. 아직도 제 휴대폰엔 아버지 번호가 입력돼 있어요. 그곳에 이런 글귀가 있네요.

하늘로 부치는 편지

"아버지, 하늘나라는 어때요?
주님의 품 안에서 안식을 누리세요. 사랑해요.

우리 가족 서로 사랑하게, 화목하게, 건강하게 지낼 수 있도록 지켜주시고 엄마 여생 재미있게 사시며 만수무강하실 수 있게 천사를 보내주세요. 아셨죠?

오늘따라 아버지가 더 그립네요. 아버지의 목소리가 듣고 싶네요.

가을이 되면 예쁜 꽃을 들고 아버지 산소에 찾아갈게요.

안녕히 계세요."

셋째 딸 올림

아버님 전상서

"아버님, 왜 이리 빨리 하늘나라로 가셨어요. 하늘나라에 보고픈 님이 계신 건가요?"

몇 달 전부터 기력이 없으셔 요양원으로 모셨는데 입소 이틀 만에 호흡곤란으로 응급차에 실려 가셨다죠? 중환자실에서 사투를 벌이다, 일주일 만에 차도를 보여 일반 병동으로 옮겼잖아요. 그런데 병동으로 옮긴 지 이틀 만에 영영 가시면 어떡해요. 요양원에서의 이발과 목욕이 마지막이 되다니요.

우린 아버님이 기력을 되찾아 기호식품인 커피와 담배를 가까이 하시기를 그토록 원했는데요. 건강을 회복해

저, 며느리한테도 커피 한 잔 타 주셔야 하잖아요. 그리고 담뱃값도 주셔야 하잖아요.

갑작스럽게 당한 일이라 현실로 받아들이기가 힘들었어요. 준비 없는 이별이라 더 슬픔이 컸어요. 마지막 가시는 모습은 살짝 미소 띤 얼굴로 너무나 편안하고 온화해 보였어요. 그래도 끊이지 않는 천주교 연도로 장례식장은 외롭지 않았답니다. 현실적으로 이별은 슬프지만 영원한 천상낙원에서 복락을 누리시기를 기도드리니 조금은 위안이 되었답니다.

아버님은 주위 사람들에게 제 자랑을 많이 했다죠? "우리 며늘아기가 배려심도 많고 일도 잘하고 작가라고."

"부끄럽습니다. 맏며느리로서 제대로 된 반찬을 만들어서 식사대접도 못 한 것 같은데요. 더 살갑게 대해 드리지도 못했잖아요."

계실 땐 미처 몰랐는데 저희 곁을 떠나시니 그립고 더 잘해 드리지 못한 게 한으로 남습니다. 저희는 아버님의 마지막 모습을 눈물로밖에 보여줄 수 없었답니다. 한 줌의 재로 변해 돌아오신 아버님, 요나(천주교 세례명). 당신을 납골당으로 모실 때 아버님의 뜨거운 체온과 사랑을 느꼈답니다. 그래도 납골당 사방으로 여사친(여자 사람 친구)들이 있으니 그리 외롭진 않으실 거예요.

며칠 전 꿈속에서 아버님을 뵈었습니다. 납골당 안에 휴대폰도 있고 젊을 때 건장한 모습이 파노라마처럼 지나갔어요. 자주 찾아뵐게요. 그리고 아버님에 대한 사랑의 이야기꽃도 많이 피울게요. 우리는 아버님의 온순하고 배려 깊은 인내심과 관용을 본받아 베풀며 살아가겠습니다.

"아버님, 이제는 근심, 걱정 다 떨쳐 버리시고 평안하게 살아가십시오. 저희와 천국에서 다시 만날 날을 기다리며, 영면하십시오."

난지도에 꽃이 활짝 피었어요

난초와 지초가 자라고 새들이 사랑을 속삭이던 한강변의 작은 섬-난지도를 아시나요?

난지도(蘭芝島)는 철 따라 온갖 꽃이 만발해 있어 '꽃섬'이라 부르기도 했으며 또 오리가 물에 떠 있는 모습과 비슷하게 생겼다 하여 '오리섬'이라는 이름도 갖고 있다. 이렇게 아름답고 자연의 보고인 난지도가 언제부턴가(1978년) 거대도시 서울의 오염물을 받아내는 쓰레기 매립장이 되었으며 악취가 나는데도 오갈 데 없는 사람들이 판자촌을 이뤄 살았다. 일반 쓰레기와 산업폐기물을 함께 묻어 온갖 오염물질로 물들어있는, 버려진 땅 난지도.

쓰레기들이 포화상태가 돼 더 이상 쓰레기들을 받아들일 수 없는 난지도는 1992~1993년, 난지도 주변에 아파트 분양을 하고 2002년 월드컵을 앞두고 쓰레기 문제의 대명사라는 부정적인 이미지를 벗고 새천년 공원 개발의 모델로서, 21세기 유토피아로 변모하였다.

쓰레기 매립지에서 친환경공원으로 복원된 월드컵공원은 주민들의 쉼터 역할을 하며 하늘공원은 난지도 제2매립지에 들어선 초지(草地)공원으로 난지도 중에서 가장 토양이 척박한 지역으로 인공적인 땅이다. 이곳엔 억새, 엉겅퀴, 제비꽃, 씀바귀, 토끼풀, 나비 등 난지도 본래의 모습을 되찾아 가고 있다.

북쪽으로는 북한산, 동쪽으로는 남산과 63빌딩, 남쪽으로는 한강, 서쪽으로는 행주산성이 보이는 천혜의 조망을 자랑하는 하늘공원에서 사람들이 마구 버린 쓰레기에 신음했을 아름다웠던 섬을 회상해 보았다. 그리고 다시 자연이 살아난 생태공원인 하늘공원에서 개발과 발전에 대해 생각하며 한강의 바람으로 돌아가는 풍력발전기의 날갯짓을 보니 난지도가 더 예뻐 보이고 진한 향기가 묻어났다.

느림의 미학

'빠름'을 강조하는 시대-그러다 보니 건물도 금세 지어 부실시공 등으로 인명피해까지 있다. 그뿐인가? 식당에서는 주문한 음식을 빨리 달라고 다그치고 운전할 때도 빨리 가기 위하여 끼어들기 일쑤고 줄 설 때도 새치기하곤 한다. 학교에선 또 어떤가? 성적순으로 치열한 경쟁의식을 부추겨 생명까지 위협받고 있는 실정이다.

이렇듯 '빨리빨리 문화'가 우리에게 무엇을 갖다 주는가? 우리가 바삐 살아가는 이유는 정녕 무엇이며 빠름 속엔 무엇이 있다는 건가.

프랑스의 철학자이자 작가인 피에르 상소의《느리게 산다는 것의 의미》에서 "느림은 부드럽고 우아하고 배려 깊은 삶의 방식이며, 살아가면서 겪는 모든 나이와 계절을 아주 천천히 아주 경건하게 주의 깊게 느끼면서 살아가는 것이다."라고 하였다.

어쩌면 '느림'은 삶을 음미하고 즐기려는 태도일 수도 있다. 이를 증명하듯 제주도 올레길과 ㅇㅇ산 둘레길 등이 삶을 풍요롭게 해준다.

"슬로시티는 '느리게 살기 미학'을 추구하는 도시를 가리킨다. 빠른 사회에서 벗어나 자연과 환경과 인간이 서로 조화를 이루며, 여유롭게 즐겁게 살자는 취지에서 시작되었다. 또한 전통의 보존 지역을 바탕으로 지속 가능한 발전을 추구하는 도시를 뜻한다."

바쁜 삶 속에서 가끔씩 마음적 여유를 갖고 삶을 관조하는 지혜가 필요하며 이로써 우리에게 한 박자 쉼표를 주고 있다. 가끔씩 주위를 살피며 느리게 걷다 보면 들에 핀 꽃들도 눈에 들어와 자연의 아름다움에 찬사를 보낼 것이며 불우한 이웃에게도 도움을 줄 것이다.

천천히 자연을 음미하며 살아가다 보면 건강한 삶을 살아갈 수 있으리라고 본다.

때론 나무처럼 살고 싶다!

난 길을 잃은 나그네에게 다시 찾아올 수 있도록 한자리에 서 있었던 적이 있었던가. 때론 나무처럼 살고 싶다. 한 곳에 뿌리를 내리고 주위의 변화를 조용히 받아들이며 가끔은 누군가 찾아와 기대고 쉴 수 있는 사람이 되었으면 좋겠다.

<겨울-나무로부터 봄-나무에로>

자기 온몸으로 헐벗고 영하 십삼도
영하 이십도 지상에
온몸을 뿌리박고 대가리 쳐들고
무방비의 나목(裸木)으로 서서
두 손 올리고 벌 받는 목숨으로 기립하며,
그러나 이게 아닌데 이게 아닌데, (중략)
온몸이 으스러지도록

으스러지도록 부러 터지면서
자기의 뜨거운 혀로 색을 내밀고
천천히, 서서히 문득 푸른 잎이 되고
푸르른 사월 하늘, 들이 받으면서
나무는 자기의 온몸으로 나무가 된다.

– 황지우

때론 나무처럼 사계절의 몫을 다하며 살고 싶다. 봄에는 생명의 싹을 틔우고 여름에는 녹음을 우거지게 해 그늘을 만들어주고 가을에는 잎이 물이 들어 단풍놀이 가게 해주고 겨울엔 그 이듬해를 위해 충전의 시간을 갖는 등 소명을 다하고 있다.

만일 산과 들에 나무가 없다면 우리가 자연을 찾겠는가. 사람들과 산짐승들을 위해 쉴 수 있게 안식처를 제공해 주고 열매 맺어 식량을 만들어주는 배려와 푸르름을 나무에게서 배우고 싶다.

시원한 바람과 신선한 공기와 그늘, 그리고 언제나 찾아가도 반갑게 맞아주고 변함없고 변덕스럽지 않은 마음과 한곳에 두어 옮기지 않고 꿋꿋하게 살아가는 인내를 배우고 싶다.

뛰어 넘어야 사랑이다

진정한 '사랑'이란 무엇인가? 일방적으로 오로지 아낌없이 주는 것인가? 사람들은 평생을 진정한 사랑을 찾아 헤매고 있는지도 모르겠다.

"사랑은 이해의 선물이며 사랑한다는 것은 저물어 간다는 것."이라고 책에서 본 기억이 난다. 사랑은 가정, 학교, 직장, 군대, 성당……. 사람들이 모인 곳이라면 꼭 필요한 것이다.

난 나이를 먹을수록 성격이 소심해지는 듯하다. 누가 나에게 안 좋은, 직설적인 쓴소리를 하면 바로 말을 못하고 가슴앓이하다 힘들어 급기야는 같은 공간의 멤버들한테 말해 다시 화살이 나한테 돌아오는 경우를 몇 번씩이나 경험하였다. 하지만 또 그런 일이 있으면 잘못됨을 번복하니 어쩌랴.

말을 가급적 정화시켜 고운 말, 예쁜 말을 쓰면 안 되나. 비수를 꽂는, 칼에 베일 듯한 말엔 비난하는 미움으로 가득 차있다. 상대방의 기분은 아랑곳없이 그들만의 감정을 내세워 말을 하여 당혹하게 한다. 말 한마디로 인해 생명의 위협까지 몰고 갈 수 있다는 것을 아는지, 모르는지.

막말을, 인격모독의 말을, 상처 주는 말을 하고도 "일 때문에 그렇게 말한 거지, 인간적으론 안 그런다나." 난 그들로 인해 얼마나 마음 아파하며 급기야 사표까지 냈는데 말이다. 난 언제까지 마음을 어루만지며 치유받아야 하는 건지.

어려움도, 아픔도, 시기, 질투, 두려움도 모두 나쁜 감정을 뛰어넘어야 사랑이라고 한 원장 수녀님의 말씀이 떠오른다.

원인 없는 결과가 어디 있으랴마는 근본적으로 내가 그들이 원하는 만큼의 욕구를 해결해 줬어야 하는데 방법에 문제가 있어 전전긍긍하며 마음 아파했다.

꿈속에서 트러블이 있던 그녀와 포옹하고 한 사람과는

손잡고 울면서 이야기하는 것을 현실에서도 재현했다면 화해로 보아야 하지 않을까.

조건 없는 무조건 사랑은 그리스도의 사랑이기도 하다. 김수환 추기경님이 사랑이 머리에서 가슴으로 내려오는 데 70년이 걸렸다고 하지 않았던가.

나 또한 그리스도인으로서 미워하는 자들을 당장에 사랑하기는 힘들겠지만, 하느님의 사랑을 실천하는 신앙인으로서 거듭나고 싶은 마음이다. 포용하여라, 배려하여라, 인내하여라.

마음 클린

어린아이의 마음은 순수하고 깨끗하며 착하다. 하지만 나이를 먹으면서 마음에 악의, 아집, 독선, 시기, 질투, 증오, 욕심, 사기, 폭력 등의 나쁜 마음이 자란다. 왜 그런 걸까.

성경구절에 보면 "사람 밖에서 몸 안으로 들어가 그를 더럽힐 수 있는 것은 하나도 없다. 오히려 사람에게서 나오는 것이 그를 더럽힌다. 안에서 곧 사람의 마음에서 나쁜 생각들, 불륜, 살인, 간음, 탐욕, 악의, 사기, 방탕, 중상, 교만, 어리석음이 나온다. 이런 악한 것들이 모두 안에서

나와 사람을 더럽힌다."(마르코복음 7장 14~23절)

얼마 전 뉴스를 보니 한국인의 심리적 체감온도인 마음의 온도는 영하 14도란다. 대학생, 취업준비생의 고통이 가장 심하다고 했다. 경제적으로 발전한 우리나라가 왜 자신을 못 다스리고 힘들어하고 있는 걸까? 경쟁의식, 차별대우, 편견 등이 없으면 영상 18도로 마음이 따뜻하고 정이 넘치는 개인, 사회, 나라가 될 것이다.

아이들을 키우면서 우리나라의 어머니들은 화병에 많이 걸린다. 남편이 속 썩이고 자식들마저 힘들게 하면 영락없이 화병이 찾아온다.

집안청소를 안 하면 먼지며 쓰레기로 몸살을 앓을 것이다. 깨끗하게 청소하니 건강하게 살아갈 수 있듯 마음도 주기적으로 청소를 하는 훈련이 필요하다고 본다.

우리네들은 몸이 아프면 병원을 찾는다. 하지만 마음이 아프면 어찌할 바를 모르며 괴로워하고 방황한다. 마음도 사람에 의해 치유될 수 있기에 사람들의 정성 어린 관심과 손길이 절실히 필요하다고 본다.

가톨릭인들이 죄를 지으면 신부님 앞에서 고백성사를 보듯 우리 마음속에 있는 시기, 질투, 증오, 욕심 등의 나쁜 마음을 지우개로 말끔히 지워버리고 배려, 나눔, 사랑, 정, 감사, 선의 등의 좋은 마음과 생각으로 가득 채우면 하루하루가 행복할 것이다.

더불어 마음이 평안하고 밝고 맑으면 그 누가 부럽겠는가? 이 넉넉한 계절에 남과 비교하지 말고 정도(正道)를 지키며 살아가는 마음 부자가 되어보지 않으련가?

물 같은 사람

만일 내가 물이라면 어떤 물에 비유될까? 가랑비, 단비, 장맛비, 인공비, 폭포수, 약수, 계곡물, 시냇물, 연못, 옹달샘…….

난 옹달샘 같은 사람이 되고 싶다. 퍼도 퍼도 끊임없이 나오는 옹달샘처럼 마르지 않고 갈증이 나는 사람들에게 물을 주는 꼭 필요한 사람이 되고 싶다.

요즘 연일 언론에 가뭄이 심각하여 농작물 등에 큰 타격을 준다는 보도다. 몇십 년 만에 찾아온 가뭄인가, 이럴 땐 한 줄기 단비는 온 대지를 촉촉이 적셔주고 공포의 도가니로 빠지게 한 사람에게 치명적인 바이러스도 빗물에 깨끗이 씻기길 바랄 뿐이다.

《도덕경 제8장》

노자는 물과 같은 사람이 되라고 했다.

上善若水(상선약수): 가장 훌륭한 덕은 물과 같다.

水善利萬物而不爭(수선이만물이부쟁): 물은 만물을 이롭게만 하지 다투지 않고,

處衆人之所惡(처중인지소악): 주로 사람들이 싫어하는 곳에 처한다.

故幾於道(고기어도): 그러므로 도에 가깝다.

居善地(거선지): 물과 같은 이런 덕을 가진 사람은 살아가면서 낮은 땅에 처하길 잘하고

心善淵(심선연): 마음 씀씀이는 깊고도 깊으며

子善天(자선천): 베풀어 줄 때 천도처럼 하기를 잘하고,

言善信(언선신): 말 씀씀이는 신선함이 넘친다.

중략

夫唯不爭故無尤(부유부쟁고무우): 오로지 다투지 않으니 허물이 없구나.

– 노자

《공자와 노자, 그들은 물에서 무엇을 보았는가》

최상의 善(선)은 물과 같다.
물이 선하다는 것은 만물을 이롭게 하고
다투지 않으며 많은 사람이
싫어하는 곳에 머문다는 점 때문이다.
그렇기 때문에 물은 도에 가깝다(…)
물의 약함이 강함을 극복하고, 부드러움이 단단함을 이긴다.

– 사라알란

물은 필요에 따라 얼음이 되기도 하고 수증기로 변하기도 한다. 또한 약하면서도 강하고 뜨거움과 차가움, 무거움과 가벼움의 성질을 가졌다. 움직임을 멈추는 법이 없으며 낮아서 겸손하고 부드러워서 완고함을 이긴다.

이처럼 물 없이는 하루도 살아갈 수 없을 만큼 물은 중요하며 생명수다. 나는 물의 인내와 배려, 따뜻함을 배워야겠다.

부부 힐링캠프

_상담 & 부부교육

당신은 하루에 몇 번이나 배우자에 대해 칭찬을 하는가? 혹 장점보다 단점을 먼저 말하지는 않는지 반문해 볼 필요가 있다.

결혼 15년째를 맞아 남은 생을 더 뜻있고 부부간에 격려하며 잘 살아가기 위해 남편과 함께 부부교육을 받게 되었다.

교육내용은 주로 부부치료의 세계적 권위자인 가트맨 박사가 제안한 것들이다. 그는 30대 초반에 이혼했으며 40여 년간 3천 가정을 대상으로 "어떻게 하면 결혼생활을 행복하게 할 수 있을까."를 연구하여 과학적, 체계적으로 접근하였다. 가트맨 박사의 연구에 의하면 부부싸움 첫 3분만 보면 이혼 가능성을 97% 정확도를 예측할 수 있단다.

다가가는, 수용과 경청의 대화는 상대의 말 걸기에 관심을 보이며 적극적으로 반응하며 다가가며 두 사람 사이의 우호감을 증진하며 스트레스를 낮추어 대화가 이어지게 된다.

사람도 관리해야 하며 “내가 생각하기에 당신이 가장 좋아하는 색깔은 ㅇㅇ색 같은데 맞나요?” 등의 사랑의 지도와 “내가 생각하는 당신의 장점은 ㅇㅇ이에요.” 등의 호감과 존중으로 부부간에 소통하여 감사하며 행복방정식을 쌓아야 할 것이다. 또 감정조절은 명상으로 하며 중립 감정은 심호흡으로 한다고 했다.

부부교육을 통하여 나의 장점은 원만하며 즐거움이 많으며 베풀며 착하고 남편의 장점은 지적이며 생각이 깊으며 손재주가 있으며 강함이 있음을 알았다. 말 한마디 하더라도 다가가는 대화를 하여 저 세상에서도 ‘사랑과 영혼’으로 다시 부부의 연을 맺었으면 하는 마음이다. Small thinks open.

부부로 산다는 것

남과 여, 결혼하여 부부로 살아가면서 가장 중요한 것은 무엇일까. 신뢰, 사랑, 배려, 인내, 성실, 경제력, 외모 등 각자 삶의 패턴에 따라 다를 것으로 본다. 먼저 상대방을 믿고 배려를 하면 사랑도 꽃필 수 있고 신바람이 나 성실하게 사회활동을 하여 가정경제에 큰 보탬이 되리라고 본다.

《부부로 산다는 것》에 보면 부부로 산다는 것은, 달콤한 행복만을 쫓아갈 수는 없는 것이며 수많은 갈등과 고민 그리고 역경을 넘어 서로 존재의 근거가 되어주는 일이라고 했다. 또 기댈 수 있는 어깨가 되어주는 배려와 원하는 사람이 되어주는 기쁨과 끊임없이 서로를 재발견하는 열정이며 작은 행복을 찾아 나서는 여유와 꿈을 함께 이루어가는 행복이라고 했다.

그렇다. 결혼은 부부가 노력하여 함께 쌓아 올린 돌탑과 같은 것으로 기쁨과 슬픔이 교차하는 삶의 동반자인 것이다.

결혼 초에는 영화의 한 장면처럼 살겠노라고, 결혼으로 인생 역전하고 결혼이 이상향인양 환상을 가졌었다. 하지만 결혼생활 10년이 넘은 요즘에는 결혼의 장밋빛 환상을 깨고 현실을 직시하며 남편의 어깨를 토닥여주며 용기를 주고, 아픔을 나누고, 추억을 함께 쌓아가고 있다.

18년 정도의 결혼생활, 하지만 우리 부부는 늦게 결혼한 만큼 더 아끼고 사랑하며 살아가야 한다. 때론 동상이몽, 한 지붕 두 가족처럼 살 때도 있지만 최대한 공감대를 형성하며 평생의 벗인 남편을 위해주고 격려해주는 그런 착하고 지혜로운 아내가 되고 싶다.

비둘기 부부

우리 집에 비둘기 부부가 산 지 어언 3년 정도 되는 것 같다.

1층에 사는 아줌마가 남편의 사별로 힘든 나날을 보낼 때 비둘기에게 밥을 주면서 모여들기 시작했다. 아줌마는 비둘기로 외로움을 달랬는지 모르지만, 배설물 등으로 골목길, 집주변은 늘 더러워졌다.

비둘기들은 야생에서 살아야 하는데 사람들로 인해 모이 찾는 것도 게을리하고 움직임도 둔해 자꾸만 약해지는 것 같았다.

비둘기들은 3층 지붕 추녀 밑에서 살고 있다. 비가 올

때는 처마에 떨어지는 빗물을 맞아 깃털이 젖어 추위에 떨고 있다. 그렇다고 3층에 사는 비둘기에게 집을 지어줄 수도 없고.

비둘기들은 저녁이 되면 귀소본능으로 우리 집에 찾아온다. 하지만 우리 가족 누구 하나 비둘기에게 관심을 주지 않는다. 그래서 그럴까. 며칠 전에는 머리 위로 뭐가 떨어지는 게 아닌가. 비가 오나 만져봤더니 아뿔싸! 비둘기 똥이 아닌가.

"주인장님, 우리에게 관심을 주세요. 저희 외롭단 말이에요."라고 말하는듯했다. 배설물이 있어 지저분하다고만 생각했지 한 가족이라고 생각하진 않았다.

이젠 비둘기 소리에 귀 기울이고 비둘기와 교감하여 좀 더 마음적으로 여유 있는 삶을 살아가야겠다.

삶의 비타민은 배우고 익히는 평생교육

'學而時習之면 不亦說乎아라.'(배우고 때로 익히면 어찌 기쁘지 아니하겠는가.) "배움에는 나이가 없다, 열정만 있으면 된다."

바쁜 현대사회와 여성의 사회참여, 100세 시대로 평생교육이 중요시되고 있다. 요즘 배우고자 하는 마음만 있으면 학교를 비롯하여 도서관, 문화센터, 박물관 등 각 곳에 평생교육의 장이 마련되어 있다. 시간이 없다면 온라인 등을 통해서도 배울 수가 있으며, 비용이 걱정된다면 저렴하게 배울 수 있는 곳도 많다.

난 평생교육인 전인교육을 주창한다. 최근 몇 년간 아이가 다니는 학교에서 역사논술, 생활 공예, 도예 등을 배웠다. 역사논술시간엔 귀를 세우며 선생님의 강의에 몰두해 시간 가는 줄 몰랐다. 조선의 역사를 배우며 영화 〈사도〉의 배경을 알 수 있었고, 냅킨아트 등의 생활 공예 등을 통해 더 솜씨를 발휘할 수 있었다. 또 거칠어진 손으로 도자기에 밑그림을 그릴 땐 소녀의 감수성을 보였으며, 그때 만든 컵이 전용 물컵이 됐다.

요즘엔 여성 센터에서 캘리그라피와 우쿨렐레 등을 배운다. 머지않아 크리스마스가 다가오는데 캘리그라피로 예쁘게 엽서 한 장 꾸미고, 우쿨렐레로 캐럴을 부르며 이벤트를 펼치고 싶다.

이처럼 평생교육을 통해 삶의 질이 향상되며 사회발전에도 이바지한다. 난 하루하루 배우는 기쁨 속에서 살아간다. 10년 뒤에, 20년 뒤에 무엇을 배우고 있을까, 생각하니 벌써부터 가슴이 두근거린다.

오늘도 "라온제나."('즐거운 나'의 순우리말)

세상은 요지경

"세상은 요지경 요지경 속이다/
잘난 사람 잘난 대로 살고 못난 사람은 못난 대로 산다/
야야 야들아 내 말 좀 들어라/
여기도 짜가 저기도 짜가 짜가가 판친다/"

오래전 세태를 반영하는 노래가 나와 큰 반향을 일으켰었다. 다시금 이 노래를 상기케 한다. 고성이 오가는, 난장판을 방불케 하는 정계, 고액수임으로 시끄러운 법조계, 비자금으로 얼룩진 재계, 위작·대작 논란이 끊이지 않는 문화계, 사건·사고가 끊이지 않는 사회, 학업스트레스로 놀 자유를 박탈당한 학교, 구타가 있는 군대 등 어느 곳 하나 온전한 곳이 별로 없는듯하다.

뉴스는 연일 성희롱, 화재·교통사고, 자연재해, 묻지 마 범죄, 총기난사, 종교전쟁 등 미담보단 사건·사고가 주를 이루는듯하다. 생명의 소중함을 잊은 지 오래. 갈수록 더 악랄하고 비참하게 죽음을 맞는다.

언제부터 우리나라가 이랬는가? 이러함은 경쟁사회에서 '빨리빨리 문화'가 부른 부작용이며 남을 생각하지 않는 이기심의 발로이며 남보다 뒤처지면 안 된다는 불안감에서 조성되는 게 아닐까? 또한 미디어의 역기능도 한몫 하는듯하다. 안 좋은 뉴스로 인한 베르테르의 효과로 유사한 사건들이 일어나지 않던가.

서로를 배려하며 조금이나마 뒤를 돌아보는 여유가 있다면 이 사회는, 이 나라는 손에 손잡고 행복의 노래를 부를 것이다. small step과 small thinks로 천천히 한걸음 나아간다면 세상은 미담으로 넘쳐날 것이며 진정으로 살기 좋은 세상이 될 것이다.

세월호, 너는 아느냐, 4·16 참사를

<깊은 슬픔>

슬픔은 구름처럼 하늘을 덮고 있다.

슬픔은 안개처럼 온몸을 휘감는다.

바닷바람 불어와 나뭇잎을 일제히 뒤집는데

한줄기 해풍에 풀잎들이 차례차례 쓰러지듯

나도 수없이 쓰러진다.

중략

맹골도 앞 바닷물을 다 마셔서

새끼를 건질 수 있다면
엄마인 나는 저 거친 바다를 다 마시겠다.
눈물과 바다를 바꾸어서
자식 살릴 수 있다면
엄마인 나는 삼백예순날을 통곡하겠다.
중략

우리가 침묵하면
앞으로 또 우리 자식들이 죽을 수 있다는 생각에
노란 리본을 달고 또 단다는 걸 안다.

내 자식은 병풍도 앞 짙푸른 바다 속에서
오늘도 슬픔은 파도처럼 밀려와 나를 때린다.
오늘도 눈물은 바닷물처럼 울렁이며 나를 적신다.
한 줄기 바람에도 나는 나뭇잎처럼 흐느낀다.

– 도종환

사건이 있는 날 아침, 난 버스 안에 있었다. 뉴스에서 배가 침몰했단다. '뭐 금세 구조되겠지.' 대단치 않게 생각했다. 일을 본 후 집에 왔는데 텔레비전에선 내내 세월호 침몰로 생중계하고 있었다.

"점점 배가 기울어지고 있습니다. 배 밖으로 나오지 말고 지시사항에 따라 주시기 바랍니다."

하지만 시간이 지날수록 배는 점점 더 바닷속으로 들어갔다. '점입가경' '아비규환'.

승객 중 대부분은 제주도로 수학여행을 떠나는 꽃다운 18세 학생들이다. 시간이 갈수록 배는 더 기울어지고 급기야는 배꼬리만 보인 채 잠겼다. 그래도 한 가닥 희망을 가졌다. 하지만 하지만……. 또 안전 불감증과 빨리빨리 문화가 부른 후진국형 참사다. 뉴스에선 전원 구출이라더니 구조되는 건 맥박과 심장이 멈춘 저세상 사람이니.

이런 일이 어떻게 있을 수 있다는 말인가. 아이들은 차디찬 바다에서 외롭게 엄마, 아빠, 친구들, 선생님을 부르고 있지만 선장, 승무원들은 맨 먼저 빠져나올 수 있다는 건가.

팽목항엔 노란 리본으로 가득하고 서울광장에도 추모객들로 붐벼 시간을 내 추모를 드렸다. 노란 리본이 바람에 휘날려 아이들의 영혼이 살아나는듯했다. 꽃잎 하나 하나가 하늘 높이 올라가고 있다.

《위험사회》를 쓴 울리히 벡(독일 뮌헨대 교수, 코스모폴리탄 연구소장)은 세월호 참사 뒤 우리나라에 찾아 이렇게 말했다. “앞으로도 세월호 같은 재난은 계속 일어날 것이고 국민들은 다시 한 번 분노하며 문제를 깨달을 것이라며 그렇게 사고와 깨달음이 거듭되는 동안 거대한 ‘탈바꿈’이 일어난다.”고 했다.

가슴에 비수를 꽂은 참사, 유가족들은 어떻게 남은 생을 살아갈 수 있을까. 갈기갈기 찢어지는 마음으로 힘겹게 살아갈 희생자 가족들에게 그래도 희망의 메시지를 전해줬으면 한다. 우리가 살아가야 할 이 땅, 아름다운 금수강산에 미담만이 가득하기를 희구한다.

스마트한 세상인데

현대사회를 스마트 시대라고도 한다. 스마트(smart)란 빈틈없는, 재빠른, 맵시 있는, 똑똑한 등의 의미가 있다. 스마트한 세상이다. 스마트는 전자제품을 비롯하여 외교, 수사 등 다양하게 쓰이고 있다. 스마트 TV, 스마트 에어컨, 스마트 외교, 스마트 수사, 스마트 폭탄, 스마트 씽킹(thinking) 등이 그것이다.

전철 안에서 95% 이상 스마트폰을 하고 있고 마주 보고 있는 연인도 SNS(사회관계망 서비스)로 주고받는다. 이어폰을 끼고 스마트폰을 하며 혼자 웃기도 한다. 심지어 걸어 다니면서까지 한다.

그 많은 사람들이 스마트폰을 하고 있는데 무슨 연유일까? 오히려 선화를 하면 실례가 돼 문자로 주고받는다. 사람들과의 단절로 인한 외로움으로 사람의 목소리를 외면한 채 딱딱한 문자로 할 말만 전한다. 스마트폰에 정보가 다 있다지만 전철 안에서 책을 보고 초면인 사람들과도 활짝 웃으며 인사를 주고받고 이야기꽃을 나누면 좋을 텐데. 그런데 문제는 스마트 시대를 살아가는 인간은 점점 덜 스마트해지고 있다는 것이다. 디지털치매 등이 대변해 주지 않던가.

전문가에 의하면 메시지 올리고 답글 달아주면 소통하고 인정받는다고 착각하지만 과다 이용 땐 쾌락 호르몬이 나와 SNS 중독을 유발할 수도 있으며 우울증과 피로감을 호소한다고 했다.

살기 좋아졌다고 한다. 하지만 사람들과의 사이엔 징검다리가 놓여 있다. 저마다의 색안경을 쓰고 상대방을 본다. 잘한 것보다는 잘못한 것을, 상대방 앞에서는 뭐라 못하고 보이지 않는 곳에서 험담을 늘어놓는다. 그러니 무슨 인간미가 있다는 건가. 하물며 가족 간에도 대화의 부재로 소통이 안되며 굳은 표정으로 자기 일만 해 하숙생을 방불케한다.

우리 잠시 스마트폰을 끄고 촛불을 켠 채 손에 손잡고 마음속 깊은 이야기를 풀어 놓으면 어떨까. 엄마에게, 아빠에게, 아들, 딸에게 보내는 편지를 읽어주면 더욱 좋겠다. 아님 자연의 소리를 들으면 어떨까? 바람 소리, 새소리, 풀벌레 소리, 낙엽 떨어지는 소리를.

머리는 스마트하게, 가슴은 아날로그의 감성으로 대한다면 우리나라의 행복지수는 더 높아질 것이며 삶은 더 재미있고 활력 있게 살아갈 수 있지 않을까?

오감이 있는 고향 산천인데

지금쯤 고향 산천은 어떤 모습일까? 파란 가을 하늘로 고추잠자리가 유영하고 밭에는 빠알간 고추가 익어가고 논에는 황금물결로 넘실대겠지. 산 여기저기 개발의 흔적이 있지만 그래도 아직은 나름, 시골의 정취를 느낄 수 있을 게다.

유년 시절, 추석을 앞두고 도회지로 나가 있는 언니, 오빠를 무척이나 기다렸었다. 오누이는 선물 보따리를 한 아름 안고 고향 집을 찾았지.

지금 고향 집엔 아무도 살지 않는다. 몇 해 전 아버지의 떠나심으로 엄마는 거처를 옮겼다. 폐허가 된 고향 집-내가 태어나고 꿈을 키운 곳곳에 가족의, 부모형제의 채취가 묻어나는 집. 그나마 고향 집을 남에게 넘겼다. 며칠 전에 찾았는데 수초만 우거지고 말 그대로 흉악하고 괴기했다. 뒤뜰의 호두나무는 우두커니 서 있고 뒤란엔 엄마가 심은 부추 속에서 빈 항아리 몇 개만 내 뒹굴고 있었다.

엄마도 내심 고향에서 살고 싶으실 거다. 결혼 후 50여 년을 이곳에서 계셨으니 말이다. 우리들 또한 고향 집을 손봐 휴양지로 만들면 좋은데, 밭에는 채소나 과수나무를 심고 말이다.

다음에 고향 땅을 밟으면 어쩌면 집은 사라져 있을지도 모른다. 고향 땅은 그대로 있는데 그곳에 사는 사람들은 어디로 갔단 말이냐? 꿈엔들 잊지 못하는 고향 땅-나의 영원한 모태여!

요양원이 현대판 고려장이라고?

2019년 9월 말 기준, 장기요양보험 대상자 74만 4천 명 시대, 100세 시대로 65세 이상을 '노인'으로 정의하는 것도 애매하다는 말이 나온다. 그럼 '장년'이라고 해야 옳은 것인지.

《노년에 관하여》에 대해 로마의 정치가이며 연설가인 키케로는 노인들이 죽는 것은 자연과 조화를 이루는 것이며 완숙이 목숨을 앗아간다고 했다. 즉 노년은 경험과 지혜와 평화를 가져다준다고 했다. 하지만 노년에서 빠질 수 없는 게 병마와의 싸움으로 한시도 평안할 수가 없는 게 현실이며 죽음 또한 두려운 존재인 것이다.

웰빙(well-being)도 중요하지만 웰다잉(well-dying) 또한 더 중요하다고 본다.

요양원에서 일하게 됐다. 선입견 때문에 한동안 망설였지만 용기를 내어 사회복지사로서 요양원에서 첫발을 디뎠다. 입사 초기엔 적응이 안 돼서인지 몸 여기저기가 아파왔다. 업무 또한 생소해 익혀나가는데 시간이 필요했다.

어르신들의 여생을 조금이나마 행복하고 재미있게 해드려야 하지 않을까, 하는 생각에 동화책 읽어주기를 시도하였다. 얼굴엔 화색이 돌았다. 하지만 어르신들의 건강 상태와 요양원 여건상 프로그램을 확대해가기란 한계가 있었다.

가정집 같은 '노인공동생활가정'인 요양원은 주로 어르신들의 행동반경이 정해져 있다. 주로 침대에서 생활하시고 귀가 어두워 어르신들 간 대화도 잘 안 됐다. 물리치료 받으러 가시고 가족들의 면회가 환기의 대부분이다. 바깥바람도 쐬어드려야 하는데 현실은 녹록하지 않았다.

계속 누워만 있는 어르신, 가족이 없어 외로워하는 어

르신, 치매로 이성을 잃고 헤매는 어르신, 빨리 죽어야 한다며 자살소동을 몇 번씩이나 벌인 어르신 등 아, 인생이 뭐란 말인가, 삶과 죽음이 뭐란 말이냐. 복지사로서 어떻게 해드릴 수 없는 게 마음이 아릴 뿐이다.

요양원에 대한 마인드가 바뀌어야 한다고 본다. 돌아가시기 전에 오시는 마지막 장소가 아니라 건강 상태가 그나마 좋을 때 입소하여서 회복하여 퇴소해 건강한 삶을 사셨으면 하는 바람이다. 문득 나의 노년이 걱정되는 것은 왜일까?

우리나라엔 두 개의 나라가 있다

삼천리 금수강산, 우리 대한민국은 면적은 작지만 큰 힘을 발휘하는 저력의 나라이다. 인구는 약 5천만 정도며 사계절에 자연 또한 수려하다. 바다로 둘러싸여 어느 곳에든 바다를 볼 수 있으며 산과 들이 지친 마음을 달래준다. 또한 IT 강국, 세계 규모의 공항, 종교의 자유, 저렴한 의료혜택, 의무교육, 장기요양보험 서비스 등의 강점이 있는 반면 자살률, 흡연율, 교통사고율, 대기오염도, 부정부패 등은 높다고 하겠다.

우선 문제 되는 것은 우리나라는 정치권에서 영남과 호

남으로 나눠진다. 작은 나라에 힘을 합쳐도 시원찮은 판국인데 말이다. 국회에서 정치가 난장판으로 변하는 것을 보지 않았는가. 서로의 이익을 위해 학연, 혈연, 지연, 교련(교회)까지 동원되지 않던가.

남과 북, 통일을 이루기 전에 먼저 해 묻은 영·호남 간의 갈등을 풀고 화해의 장을 마련했으면 좋겠다. 그럼 지역을 가리지 않고 정당을 선택할 것이며 상생의 정치를 하리라고 본다.

사랑: 미움, 배려: 이기, 겸손: 교만, 선함: 악함, 긍정: 부정, 공공: 자신 등에서 전자를 선택하여 서로가 서로의 마음을 알아주며 살아간다면 온전히 한 개의 나라로 통합될 것임이 틀림없을 것이다. 그때는 진정으로 '무궁화 삼천리, 화려강산'이 되리라. 호랑이가 앞발을 들고 포효하는 모습이 보이지 않는가.

우울·분노사회

재독학자인 한병철 님은 현대사회를 투명사회, 피로사회라고 했다. 투명사회는 쾌락에 대한 적대적인 사회이며 모든 거리가 마땅히 제거되어야 할 부정성으로 간주하며 획일적 사회라고 했다.

피로사회는 일터에서 겪는 감정적 부조화와 피로감으로 극심한 감정노동에 시달리고 있다고 했다.

난 현대사회를 우울·분노사회라고 말하고 싶다. 경쟁사회에서 살아남으려면 승자가 되어야만 하고 뒤처지면 손해 보고 취업도 힘들어 급기야는 삶을 포기하기까지 한다. 치솟는 집값에, 사교육비에, 저축은 뒷전이다. 젊은이들은 결혼비용의 부담으로 결혼을 포기하기도 한다. 그러니 삼포세대(연애, 결혼, 출산을 포기), 오포세대(삼포세대+집 마련, 직장(경력))란 말이 있지 않은가.

비정규직, 경력단절여성, 장애인, 노년층 등 사회의 그늘에 있는 사람들은 한마디씩 한다. 취업의 문을 넓히라고, 평등하게 대우해 달라고. 하지만 돌아오는 답은 똑같다. 그러니 우울하고 분노하지 않을 수 있겠는가.

행복지수가 높은 아프리카 사람들, 물질적으론 풍요롭지 못하지만 얼마나 행복하게 살아가는가. 물질이 전적으로 행복을 좌우하지는 않는다. 서로 간 믿음과 사랑과 배려가 행복의 열쇠인 것이다. 우리 사회가 웃음이 넘치고 생동감 있어 희열과 활력사회가 됐으면 좋겠다.

을의 비애

'갑과 을', 영원한 적대관계인가. 흔히 근로계약서를 쓸 때 사업주를 갑, 근로자를 을로 표기한다. 주-종의 관계처럼 느껴진다. 그게 사실이다.

지위고하를 막론하고 인간은 평등하며 인격을 존중하여야 하는데 작업 현장에서는 아직까지도 갑질 논란으로 사회가 웅성거리고 있다. 대기업 회장에서부터 개인 사업체까지 갑질은 계속 자행되고 있다. 하물며 직원끼리도 갑질을 한다.

'을'의 입장에서는 갑으로부터 인격모독, 자존심까지 상하는 말과 폭언, 폭행을 당해도 맞대응 못 하고 해고될

까봐 가족의 생계를 위해 그만둘 수가 없는 실정이다. 이런 틈을 타 독버섯처럼 '갑'은 더 강도 있게 '을'을 제압하고 있다.

나 또한 최근 너무나 마음 아픈 일을 당했다. 갑의 도에 지나친 말로 생각보다 빨리 사표를 던지게 되었다. 나에겐 그곳은 창살 없는 감옥이나 다름없었다. 입에서 내뱉으면 다 말이 아닌 것이, 상대방을 한 번쯤 생각한다면 인격모독의, 폄하하는 말들은 도저히 못 할 것으로 본다.

근무기간 내내 을의 입장에서 갑에게 아무 말도 하지 못하고 가슴앓이한 시간들이 무척이나 안타까울 따름이다. '갑'도 전에는 '을'의 입장에 있지 않았는가. '을'을 격려해주고 신명나게 직장생활을 할 수 있도록 해 줄 수도 있는데 말이다.

돌이켜보니 '갑-을' 관계는 부모-자식, 남편-아내, 스승-제자, 군대 상사-병사, 건물주-임차인 등 사회 곳곳에 도사리고 있다. 지금도 보이지 않는 곳에서 갑의 행동은 계속될 것이다. 갑질에서 벗어나지 않는 한 갑은 영원한 삼류, 루저에 불과할 것이다.

이게 무슨 평등사회란 말인가. '갑과 을'의 관계가 좋아 사표를 내도 인사차 갑을 만나기 위해 일터로 찾아갈 수 있었으면 좋겠다. 신뢰하고 배려하고 정의롭고 정이 넘치는 인간적인 '갑'을 말이다.

우리나라의 '갑'들이 변한다면 훨씬 즐겁게 직장생활할 것이며 살기 좋은 나라로 거듭날 것으로 본다.

인생의 황금기

_학창 시절로의 회귀

나, 타임캡슐을 타고 다시 학창 시절로 돌아간다면 진정으로 여고 시절로 가고 싶다. 꿈 많고 감수성이 풍부하고 가슴 떨림이 있는 18세 소녀로 말이다.

하지만 이번엔 학생의 의무인 공부에 전념해서 원하는 대학에 입학하고 싶다. 그럼 아마도 초등학교 교실에서 아이들을 가르치며 동화를 쓰는 작가로 활동하고 있겠지.

아마도 여고 시절을 아쉬워하고 그리워하는 것은 그 시절, 공부에 열정을 다하지 못한 미련에서 연유할 게다.

여고 시절, 난 변비로 고생했다. 학교 근처에 방 한 칸을 얻어 자취를 했는데 먹는 것도 변변치 않고 힘든 모양이었나 보다. 핑계 아닌 핑계 같지만 어쨈, 배설의 기쁨을 느끼지 못한 채 조금은 변비로 인해 학업에 방해가 되었는지도 모른다.

학창 시절 중 가장 열공한 때는 중학교 때이다. 공부벌레라는 별칭을 얻을 만큼 공부를 했었다. 심지어 음악 시간에 책상 밑에 다른 과목을 공부했으며 쉬는 시간에도 했다.

연필로 먼저 공부하고 검은색, 파란색, 빨간색 펜으로 책이 찢어질 정도로 무식하게(?) 공부했다. 당연히 고등학교를 도서 지역의 장학생으로 가라는 것을, 난 시시한 학교라며 거부했다.

중학교 3년 동안 남은 추억이란, 공부밖에 없다. 문학서적을 읽었나, 여행을 갔나, 유행가를 배웠나. 아마 고등학교 때도 중학교 때처럼 공부했다면 요즘 말하는 SKY 대학에 갔을 것이다.

학창 시절 중 가장 여흥을 즐긴 것은 ㄱ 대학원 시절이다. 대부분 학생들이 언론매체에 있어 저녁에 강의 끝나고 3교시는 학교 근처에서 음주가무 하며 보냈다. 원생들과 교수님들하고의 관계도 돈독했다. 이때의 솔로의 행복이란?

경제적, 시간적 여유 등 어렵게 공부한 시절은 ㅎ 대학과 ㄱ 대학이다. ㅎ 대학은 20대의 대부분을 보냈으며 ㄱ 대학은 아이들을 재워놓고 일어나 컴퓨터 앞에 앉아 공부를 해야만 했다.

"추억은 일종의 만남이며 아름다운 추억은 바람직하며 있을 수 있는 능력은 위대성의 진짜 상징"이라고 했던가?

평생교육을 주창하며 살아가는 나에게 최근에 ㅅ 대학원에서 우리말의 어원을 찾고 깊이 있는 공부를 하게 되었다. 어학 분야라 힘들고 흥미도 덜했다. 미련이 남는다. 친정아버지 하관할 때 약속했는데 "학문의 마무리를 잘 하겠노라고."

문득 맹모단기지교(孟母斷機之敎)란 고사가 생각났다. 맹자가 멀리 공부하러 갔다가 중도에 포기하고 집에 돌아오니 어머니가 짜고 있던 베를 한순간에 칼로 잘라 버렸단다. 이유는 학업을 중도에 포기하는 것은 베를 한순간에 잘라 버리는 것과 같이 아무짝에도 쓸모없다는 것이다.

다시 학교 문을 두드린다면 남편과 함께 공부를 하고 싶다. 서로 학문이라는 공통분모 속에서 학구열과 사랑과 정을 다시금 느끼고 싶다.

지역 이기주의

우리나라는 과연 살기 좋은 나라라고 생각하는가? 경제성장 및 정보기술, 교육면에서는 두각을 나타내는 반면 삶의 질이나 행복지수, 안전·주인의식 등에서는 매우 낮게 나타났다.

학생들의 경우도 이와 비슷하다. 보건복지부가 몇 년 전, 밝힌 보고에 의하면 한국 아동의 '삶의 만족도'가 경제협력개발기구(OECD)국가 가운데 낮은 수준이라고 했다. 한국 아동이 주관적으로 평가한 삶의 질은 60.3점(100점 만점)으로 조사됐다.

삶의 질이 떨어지는 주된 원인은 과도한 학업 스트레스

다. 학생들의 극심한 학업 스트레스 속에 진정한 나눔의, 배려의 미학을 알 수 있을까.

가령 집 주변에 쓰레기 매립지, 오폐수 처리장, 화장터, 묘지, 교도소, 원자력 발전소 등의 혐오시설이 들어설 경우 더 심각한 지역 이기주의를 야기하고 있다. 그럼 혐오시설은 어디에 설치해야 하는가. 호주 여행 때 보니 시내에 묘지가 있었다. 삶과 죽음이 공존하는 도시풍경과 집집마다 깨끗함이 인상적이었다. 언젠가 죽음을 맞이하게 되는데 공존하기에 죽음에 대한 두려움과 불안감이 덜하지 않겠는가.

집 앞의 쓰레기 문제는 어떠한가. 집 가까운 곳에 여기저기서 나온 쓰레기 폐기물로 몸살을 앓고 있다. 어느 날 보다 못한 업체에서 주기적으로 수거해가니 쓰레기들이 더 쌓이기 시작했다.

"자기 집 앞에 쓰레기를 내놓을 것이지." 수거해주니 구태의연하게, 비양심적인 행동들을 하고 있다. 하물며 남의 집 쓰레기가 우리 집 앞에 있기도 했다. 쓰레기봉투도 사용하지 않은 채 갖가지 오물들로 섞여 있어 분리해가며 몇 번은 쓰레기를 정리하다가 나도 요령이 생겨 집 앞

가까운, 쓰레기가 쌓인 곳에 버렸다.

그렇다. 우리나라가 지금보다 깨끗한 환경에서 더 잘 살고 행복해지려면 지역·개인 이기주의가 사라져야만 한다고 본다. 동네가 우리 집이라고 생각한다면 휴지 조각 하나 버릴 수 없으며 설령 버렸다 해도 주울 것이다.

우리, 달라져야 한다. 나부터 바뀌어야 사회가 바뀌고 나라가 바뀌는 것이다. 우리 더 깨끗하고 아름다운, 살기 좋은 나라를 원하지 않는가.

현대판 빈처

《빈처》 중

"그것이 어째 없을까?"

아내가 장문을 열고 무엇을 찾더니 입안말로 중얼거린다.

"무엇이 없어?"

나는 우두커니 책상머리에 앉아서 책장만 뒤적뒤적하다가 물어 보았다.

"모본단 저고리가 하나 남았는데……."

– 현진건

삶은 돈이다. 하루하루 삶의 전쟁터에서 돈은 필수다.

한번 친구라도 만날라치면 돈이 쑥쑥 들어간다. 물가상승으로 생활은 더 각박해지는 것 같다. 상대적 빈곤을 생각하면 더 가슴이 메인다.

물건을 사고 결제할 때 거의 신용카드로 한다. 가로 8.5Cm, 세로 5.3Cm의 신용카드는 현대인에게 없어서는 안 될 결제 수단이지만 한 달 뒤 사용금액을 보면 가히 놀라지 않을 수 없다. 난 신용카드로 결제하고 상환하지 못하는 것을 현대판 빈처에 비유하고 싶다.

남편 월급으로는 턱없이 부족한 생활비. 나의 능력 없음도 한몫하지만 취업의 좁은 문에 가슴은 새까맣게 타들어 가기만 한다. 생활이 안돼 아이들 돌 반지며 은수저도 팔고, 보험도, 재형저축까지도 해약했으니, 옛날 같으면 머리카락도, 피도 팔았으리라.

난 카드 중 후불제 신용카드가 아닌 통장에 현금이 입금돼 있는 체크카드를 쓰고 싶고 두둑한 비자금 통장을 가지고 싶다. 돈의 화수분-그런 날이 오기를 고대하며 오늘도 취업의 문을 두드리기 위해 이력서를 쓴다.

《빈처》 중

"나도 어서 출세를 하여 비단신 한 켤레쯤은 사주게 되었으면 좋으련만……."

"얼마 안 되어 그렇게 될 것이야요."

"정말 그럴 것 같소?"

"그러먼요. 그렇고말고요."

아직 아무도 인정해 주지 않은 무명작가인 나를 다만 저 하나가 깊이깊이 인정해준다! 그렇기에 그 강한 물질에 대한 본능적 요구도 참아가며 오늘날까지 몹시 눈살을 찌푸리지 아니하고 나를 도와준 것이다.

'아아, 나에게 위안을 주고 원조를 주는 천사여!'

그의 눈에도 나의 눈에도 그렁그렁한 눈물이 물 끓듯 넘쳐흐른다.

구로공단은 가라, G밸리가 왔다!

나의 20대 청춘의 절반이 고스란히 묻힌 곳, 추억이 깃든 곳-구로공단, 다니기 싫어도 어쩔 수 없이 갈 수밖에 없었던 일터다.

그곳에서 친구들과 우정을 쌓았고 추억과 사랑을 이야기 나누었지. 쉬는 시간이면 회사 옆 매점에서 컵라면도 사 먹는 등 군것질을 하고 식당 안 자판기에서 커피를 뽑아 먹었지. 오빠뻘 되는 관리자들을 동경하며 데이트도 했었지.

시간이 흘러 공단은 거대한 빌딩 숲인 디지털단지로 괄

목상대하게 변해가고 있었다. 회사를 그만둔 지 20여 년이 훌쩍 지났을까. 추억을 갈무리하고 과거의 발자취를 따라 5월의 봄 향기를 맡으며 걸어갔다. 가슴이 뛴다. 예전에 있던 우체국이 10년이 지난 지금에도 아직도 그 자리를 지키고 있었다. 200m를 걸었을까, 가슴 설레게 하고 발걸음을 멈추게 하는 그곳은 내가 예전에 다녔던 회사 아니던가. 매점도 그대로 있었다. 도로 앞에 교회도 그대로이다. 회사는 그대로 있지만 다른 회사로 운영되나 보다. 나랑 같이 일하던 동료들은 뿔뿔이 흩어져 지금은 어디에서 무엇을 하며 지낼까. 종숙, 희남, 금선 친구들이 그립다. 회사건물이 있으매 경이롭고 신기롭고 기적적이다.

세월이 건물과 사람들의 모습을 바꾸듯 오랜 시간이 지나도 그 장소에, 그 사람들이 그대로 있으면 얼마나 정겹고 좋을까. 추억여행을 하며 그동안 마음속에 간직해온 여행지 한군데를 지운다. 마음의 짐을 던다.

구로공단은 1964년 수출산업공업단지로 조성되어 1979~1980년대 수출 한국을 이끈 역군으로 전자·금속·섬유산업이 주종을 이뤘으며 노동운동의 메카이기도 하다. 2000년 한국수출산업공단에서 서울디지털단지로 바뀌었으며 구로공단이라는 이름도 지(G)밸리로 바뀌어 정보기술(IT)과 패션 등 첨단산업이 주축을 이루며 승승장구하고 있다. 화이트 칼라들이 삼삼오오 출근하느라 잰걸음을 하고 있다.

거리 정화가 필요해

한번 도시의 밤거리를 보라. 현란한 네온사인으로 눈이 부시며 우리네들을 유혹한다. 특히 유흥시설이나 음식점의 간판들이 즐비하다. 거리에 교육기관이나 문화센터, 도서관 등이 많으면 좋을 텐데.

하지만 거리마다 대부분 음식점 등이 차지하고 심지어 학교 주변에 모텔, 유흥주점 등이 있어 눈살을 찌푸리게 한다. 아이들이 꿈을 키우고 달려가기 위해서는 거리 정화도 한몫해야 한다고 생각한다.

문화선진국으로 가기 위해서는 소프트웨어가 발달하

고 형이상학적인 것에 대해 생각을 해야 한다.

학교 주변에 도서관, 문화센터 등이 있으면 학교와 연계해 아이들의 교육에 큰 도움이 되리라고 본다. 최대한 유흥업소를 없애고 도서관 등 교육기관 등이 많았으면 한다. 또 간판도 간소화하고 통일성 있게 하여 밤에 조명을 좀 낮췄으면 한다. 쓰레기 분리도 잘해 깨끗한 골목, 가고 싶은 거리가 되었으면 좋겠다.

국민참여재판, 배심원

법원에서 우편물이 왔다. "어, 뭘 잘못한 게 있나." 놀란 가슴으로 조심스럽게 뜯어보니 국민참여재판인 배심원 자격으로 법원에 출석하란다.

배심원제도는 선진 외국에선 수백 년의 역사를 가진 반면에 우리나라는 '국민의 형사재판 참여에 관한 법률'을 근거로 2008년 1월부터 시행되었으며 원고 측과 피고 측의 첨예한 대립이 있는 법원 내에서 '국민의 보편적 생각'을 알아보고 사법부의 잘못된 판단을 조금이라도 덜고자 도입된 제도이다.

배심원은 피고인의 유무죄에 관하여 평결을 내리고, 유죄 평결이 내려진 피고인에게 선고할 적정한 형을 토의하는 등 재판에 참여하는 기회를 갖게 된다.

출석 일에 맞춰 법원에 갔다. 먼저 추첨으로 후보자를 정한 뒤, 법조인들이 법에 관한 질문을 하여 10여 명이 배심원으로 선정되었다.

배심원자리로 이동했다. 재판이 시작되었다. 분위기는 영화에서와 같이 삼엄하였다. 피고인은 스무 살을 갓 넘긴 깡마른 청년으로, 사건 경위는 자정을 넘긴 시간에 공범과 함께 담배를 훔치려고 여주인을 제압했단다. 불우한 가정환경과 정신지체아 수준의 지능(정신미약)과 거기에 일곱 살배기 딸까지 있으니 심히 걱정되었다. 이 사건을 보고 있자니 현대판 장발장을 연상케 하는 것은 왜일까?

재판이 끝난 후 평의실로 옮겨 사건의 유무죄, 형량과 평의, 평결, 형량(양형), 무죄 추정의 원칙 등 법률용어에 대해서 나눴다. 죄명이 강도란다. 전에도 몇 차례의 경미한 절도 등이 있어 양형이 더 늘어난단다. 증거가 있어야만 유죄며 유죄와 무죄가 반반씩 있으면 무죄란다.

아홉 시간 동안 법원에서 배심원으로 있으면서 새로운 경험으로 견문을 넓히는 계기가 되었지만 피고인의 안타까움과 선진화된 법과 인정이 있는 법 개정(감성재판)이 시급하다는 것을 느꼈다. 배심원 제도가 공정한 판결을 내리는데 정착되어 정의로운 법이 더욱 발전하고 사법의 민주주의가 실현되기를 기대해 본다.

지치고 힘들겠지만 피고인은 그래도 희망을 잃지 않고 자식을 위해서라도 살아갔으면 하는 마음이다. '환경이 사람을 만들듯' 어두운 구렁텅이에 광명을 줄 이 누구 없소? 피고인은 지금쯤 철창에 갇혀 있다고 생각하니 며칠간 하얀 밤을 지새웠다.

평의: 배심원들이 모여서 피고인의 유무죄에 관한 논의를 진행하는 것
평결: 평의를 통해서 확정된 배심원의 최종판단 결과
무죄 추정의 원칙: 피고인이 유죄판결을 선고받아 그 판결이 확정될 때까지도 아무런 죄가 없는 것으로 추정된다는 원칙
참조: 《법원행정처 배심원 안내서》

꿈을 향한 행복

_평생교육을

인생에 주어진 의무는

다른 아무것도 없다네.

그저 행복하라는 한 가지 의무뿐.

우리는 행복하기 위해 세상에 왔지.

– 헤르만 헤세

달라이 라마의 《행복론》에서 삶의 목표는 행복에 있다고 설파하였다. 그 행복은 각자의 마음에만 있으며 태어나면서부터 행복을 느끼는 기본 수준이 뇌에 새겨져 있단다.

불교에선 행복하고 만족스러운 삶을 결정하는 네 가지 요소가 있다고 한다. 부와 세속적인 만족, 영적인 성장, 깨달음이 그것이다.

행복을 찾는 첫 번째 단계는 배움이다. 그다음에는 긍정적인 감정과 행복이 주는 이로운 점을 깨닫는 일이다. 우리가 경험하는 다양한 마음 상태에 대해 이해하는 것이며 진정으로 행복해지려면 먼저 삶을 바라보는 시각과 사고방식을 바꿔야 한다.

행복-저 먼 곳에 있는 파랑새가 아니다. 부귀영화를 누려도 불평불만을 한다면 행복하지 않으며, 어렵게 살아도 늘 웃음꽃을 피우며 오히려 자신보다 더 어려운 이웃들을 도와주는 천사들은 분명, 행복할 것이다.

그럼 '행복하다'는 아이들은 과연 어느 정도 될까? 매년 보고되는 우리나라의 행복지수를 보면 최하위권으로 무색하게 한다.

아는 바와 같이 혹 과중한 학업 스트레스가 행복을 저해하는 요인이 아닌가 생각한다. 모두 다 1등을 할 수가 없다. 각자 잘하는 재능을 살려 꿈과 직업으로 이어지는 교육이야말로 진정한 행복과 평생교육이라고 감히 말하고 싶다.

새 정부에서도 교육 분야 핵심 국정과제의 하나로 학생

들의 '꿈과 끼를 키우는 행복교육'을 제시하였다. 요약하면 인성교육 중심의 수업, 실습 및 체험 중심의 자유학기제 운용, 개인 맞춤형 진로교육, 학교체육 활성화 등이다.

이러한 비전들을 통해 그동안의 시험과 입시 위주의 교육에서 벗어나 학생들이 자신의 소질과 적성, 잠재력을 최대한 계발하여 발휘할 수 있도록 지원하고 교육하자는 것이다.

한편, 아이들 세대에서는 최소한 다섯 가지 직업이 있어야 한다고 본다. 120세 시대에, 급변하는 현대사회에 적응하기 위해서는 끊임없이 배우며 익혀야만 한다. 공부란 학교 공부만이 아닌 도서관, 주민 센터, 문화 센터, 복지관, 체육관 등 평생교육 기관에서 배울 수 있는 다양한 교육 등을 말한다.

진정으로 여러분이 좋아하고, 잘할 수 있는 꿈의 무대에서 탄탄대로 인생을 아름답게 디자인하기를 바란다. 갖가지 체험활동과 도서관에서 책에 푹 빠져 노닌다면 꿈을 향한 행복과 평생교육을 실천한다고 볼 수 있지 않을까?

그럼 어린이들, 행복지수 90점 이상 받을 준비됐나요? 이제부터 활짝 핀 얼굴로 꿈을 그리며 해피 송을 불러볼까요?

경청 더하기 배려

“이 세상을 바꾸는 힘은 달변이 아니라 경청에 있으며 경청은 삶을 아름답게 하는 것.”이라고 했다.

난 사람들의 말에 얼마만큼 귀 기울여 경청하는가. 혹 듣는 것보다 말하는 것을 더 많이 하지 않는가. 말을 많이 하여 실수하거나 상처를 주지는 않았는가. 상대가 힘들어할 때 마음을 읽고 들어주는 것만으로도 얼마나 위로가 되는가.

나는 스트레스가 쌓이거나 속상한 일이 있으면 벗을 찾아 마구 말을 하곤 한다. 벗은 싫은 기색 없이 맞장구를

치며 내 말을 다 들어 주곤 한다. 그러면 속이 시원하고 기분이 좋아진다.

이처럼 말은 하는 것보다는 상대방의 말에 귀를 기울여 듣고 공감하는 등의 적극적인 경청이 필요하며 경청을 함으로써 상대방을 신뢰하게 된다. 진지하게 경청함으로 흉금 없이 마음속 얘기도 꺼낼 수 있어 평생 친구를 사귈 수 있으리라고 본다.

《경청》에 보면 경청을 실천하기 위한 다섯 가지 행동 가이드로 공감을 준비하자, 상대를 인정하자, 말하기를 절제하자, 겸손하게 이해하자, 온몸으로 응답하자 등이다.

한상복의 《배려》에서는 배려를 위한 실천 포인트로 "배려는 상대가 원하는 것을 주며 받기 전에 먼저 주며 날마다 노력하면 자연스럽고 즐거운 것이며 사소하지만 위대한 것이다."라고 했으며 배려의 조건으로는 배려는 선택이 아니라 공존의 원칙이며 사람은 능력이 아니라 배려로 자신을 지키며 사회는 경쟁이 아니라 배려로 유지된다고 하였다.

"다른 사람을 위한 배려는 나 자신을 위한 배려."인 것이다. 남의 말에 귀 기울이는 경청과 남을 생각하는 배려하는 마음이 있다면 세상은 지금보다 더 아름다울 것이다.

무한 경쟁시대에 진실로 남을 위해 생각하고 관심을 보인다면 둘 사이는 끈끈해질 것이다. 이렇듯 경청과 배려는 사람들을 가깝게 해주며 우리 사회를 아름답게 해주는 덕목이라고 할 수 있다.

고요의 시간을 찾고파!

도시의 아침은 소음으로 시작하여 소음으로 끝난다 해도 과언이 아닐 것이다. 아침에 일어나자마자 휴대폰을 켜고, 밥 끓는 소리와 자동차들의 굉음들. 출근하기 위해 몸을 대중교통에 실으면 엔진소리와 사람들의 말, 말, 말들.

라디오와 텔레비전 볼륨을 크게 틀어놓고 생활하는 현대인들은 전자파에 항상 노출되어 있으며 기계음에 익숙해져 있다.

현대인들은 마음적 여유가 없을 만큼 바쁘다. 도시의 생활이 사람들을 각박하고 바쁘게 만든다.

청정 우주의 본고장인 유년 시절처럼 시골의 시냇물, 새의 지저귐 소리, 비, 풀벌레, 바람 소리를 다시 듣고 싶다. 아님 인적이 드문 바닷가를 찾아 내 마음을 들여다 보고 싶다. 자연의 소리는 우리네 마음을 편안하고 기분까지 상쾌하게 하며 영혼까지 맑게 해준다. 다시금 자연의 소리에 귀 기울이며 자연과 물아일체가 되어 마음의, 영혼의 소리를 듣고 싶다.

30여 년, 도시 생활에 지쳐있는 나의 육신을 치유해줄 수 있는 것은 오로지 고향 산천에 있는 자연의 소리인가 하노라.

나의 장례식

죽음에 대해 소크라테스는 "죽음은 인간이 받을 수 있는 축복 중 최고의 축복이다."라고 했으며 프레드리히 니체는 "어떤 이들은 죽은 후에야 비로소 태어난다." 베르톨트 브레히트는 "죽음을 그토록 두려워 말라. 못난 인생을 두려워하라."고 했다. 어린 시절 언젠간 죽는다고 생각해 엉엉 운 적이 있다.

문득 나의 장례식에는 조문객으로 누가 올까, 하는 엉뚱한 생각을 해본다. 현세에서 어떻게 생활하느냐에 따라 나의 장례식은 꾸며지리라고 본다. 나이를 먹어가면서 '삶과 죽음'은 일직선상에 있는 것 같다.

요즘 장례문화가 바뀌고 있는데 난 영화에서와 같이 생애별 영상을 통해 그때를 기억하며 미소를 지을 수 있었으면 좋겠다. 어느 책에서 보니 좋은 천당에 가는데 왜 슬퍼하며 우느냐고 한다. 축제 같은 장례식이 되었으면 좋겠다.

근조화환의 개수로 망자(亡者)의 사회적 위치를 알 수 있다고 한다. 너무 형식적이고 허례허식인 근조화환-며칠 뒤면 버리는 것을. 쌀 근조화환으로 하여 불우이웃에 쓰였으면 좋겠다.

난 장묘문화(방법) 중 화장보다는 매장을 선호한다. 묘지 등이 많아 우리나라 산야가 벌거숭이가 되는데 너무 이기적이지 않은가 싶지만 그래도 뜨거운 불보단 차가운 땅이 좋다. 어떤 이는 컴컴한 땅속이 어둡고 무서운데 어떻게 들어가냐고 한다. 하지만 난 자연으로 다시 돌아가 산과 하늘과 땅의 정기를 받고 싶은 것이다.

내 묘를 찾아오는 이는 커피와 껌과 책과 꽃 한 송이와 술 한 잔이면 족하다. 너무 과한가?

묘비명은 "자연을 사랑하고 정을 그리워한 소정(小庭), 고향 땅에 영원히 잠들다."라고 했으면 좋겠다.

어찌 보면 '죽음'도 준비 있는 죽음을 맞이해야 한다고 본다. 죽음에 대한 두려움, 공포, 불안을 없애기 위해 마음수련하고 유산 내지 죽음체험, 유언장 쓰기, 수의나 영정사진, 묏자리 등을 미리 준비하면 자손들이 덜 당황할 것이며 가는 자도 마음이 좀 가볍고 슬픔이 덜할 것이다. 그러고 보면 죽음은 보이지 않는 또 하나의 삶이 아닐까.

나이 듦에 대하여

"나이가 든다는 것은 생각했던 것보다 참 괜찮은 일이다. 좀처럼 나를 놓아주지 않을 것 같던 그 끈질긴 욕심, 회한, 미움, 불안이 어느새 슬그머니 차 녹아 버렸다."

벌써 내 나이가 지천명이 되었다. 언제 이만큼이나 먹고 징그러운 나이가 되었나, 깜짝 놀랄 때가 한두 번이 아니다. 누가 "당신, 나이 몇 살이요?"라고 물으면 당당하게 말하지 못하고 말끝을 흐리기가 일쑤다.

생각해보면 이 나이가 되도록 뚜렷한 직장도, 그렇다고 경제적으로 여유도 없는 것 같고 결혼을 늦게 해 아이들은 중·고등학생이고 나잇값을 못 하는 것 같다.

하지만 언제까지 나이로 인해 힘들어하고 감출 것인가. 100세 시대 아닌가. 그렇게 따지면 난 파릇한 청춘인데. 사고의 전환이 필요한 것 같다. 건강을 지켜 앞날의 계획을 세우고 좀 더 리드미컬한 생활을 할 수 있도록 해야겠다.

그래도 나이 들어가면서 참고 용서하며 배려하고 사랑하는 마음이 생기지 않았는가. 이젠 나이 먹는 것은 누구나 먹고 자연스러운 일이니 제대로 나잇값하고 살자.

기시미 이치로의 《늙어갈 용기》에서는 나이 들수록 민감해지는 인생의 온갖 과제는 '나(개인)의 용기=주체성'으로 헤쳐나가야 삶의 자유와 가치, 기쁨을 누릴 수 있다. 인정욕구·우월감·권력욕에 휘둘리지 않으며 내면의 힘과 공동체의 목소리를 느끼며 살아가는 것이 '늙어갈 용기다'라고 하였다.

2

나는 작가로소이다

문학

도회적이고 당찬 조경란 작가

등단 이후 매년 한 권씩의 책을 출간하는 저력의 조경란 작가는 요리하는 시간을 좋아하며 절대 미각을 갖고 있다고 설파한다. 그래서일까. 《복어》《국자 이야기》《식빵 굽는 시간》《혀》 등 미각과 관련된 작품들이 유난히 많이 눈에 띈다.

'삶은 레시피'며 나이가 가져다준 선물은 생각과 경험의 폭이 깊어지며 오감 외에 육감(예민한 사람)이 있단다.

주옥같은 작품으로 쓰는 작품마다 베스트셀러 반열에 오른 작가, 나와 거의 동년배, 동시대에 살고 있으며 같은 작가로서 부러움이 앞섰다.

《백화점(사물·세계·사람)》이란 작품에선 새로운 소재와 신선함으로 독자들의 이목을 집중시켰다. 백화점에 온 사람들을 관찰한 뒤 1~10층에 대해 층별로 소개했으며 지하 1층은 마지막에 썼다고 했다.

작가의 말에 따르면 "백화점에서 가장 마지막까지 떠올리게 될 곳은 의류 수선실일 듯하다. 수선실 한쪽 벽면을 가득 채우고 있던 색색의 둥근 실패들. 눈을 찌르듯 빛나던 그 다채로운 색깔들은 백화점 안의 어떤 사물들보다 옹골차고 쓸모 있어 보였다. 아무리 많이 갖고 있어도 후회하지 않게 될 수선실 안은 복도처럼 길고 좁았지만 다섯 명의 수선사들과 그만큼의 부라더 미싱이 있었다."

"보는 것의 기쁨, 보는 것의 고통, 보는 것의 가치에 대해 말하고 싶었다. 두려움이나 일상의 남루함에 대해 쓸 데가 많아도 그게 전부처럼 느껴지진 않았으면 좋겠다." 라고 쓰여 있다.

늦가을부터 봄에 거쳐 탄생한《백화점》작품엔 백화점의 이모저모를 엿볼 수 있다. 우리나라 최초의 백화점은 1916년 '미츠코시'란다. "밤의 백화점은 시선이 사라진 사물들의 서있는 침대. 간절히 내일을 기다리고 있는 사물들의 숨으로 가득 차오른다. 밤의 숲은 두려웠어도 지금은 아니다."

《국자 이야기》에선 "소박하고 엄격한 삶, 작고 푸른 정신, 내 생의 이 희귀한 열정으로 새 지도를 한 장 그리고 싶다. 게다가 내 방은 옥상 위 높고도 높은 옥탑방이다. 달도 태양도 이웃이다. 봉천동(奉天洞)은 하늘에서 가장 가까운 동네다."라는 글귀가 심금을 울린다.

'백화점' 하면 부유층이나 기득권층의 전유물로만 아는데 남녀노소, 빈부를 떠나 이용하며 생산, 소비, 만남, 대화, 평등의 장소로서 백화점이 제 역할을 다하길 기대해 본다.

맏언니 같은 정감 있는 박완서 선생님

그 연세에도 소녀 같은 볼그레한 얼굴과 생글생글 웃음이 끊이지 않고 맏언니 같은 박완서 선생님을 만나 뵌 게 어언 7~8년이 된 것 같다.

문학단체에서 아차산을 올랐는데 내려오는 길에 아치울에 위치한 선생님댁을 들렀다. 사방이 울창한 숲으로 우거지고 산새가 지저귀는 작은 뜰엔 갖가지 나무와 꽃들로 가득 메워져 있었고 선생님은 정원이 내려다보이는 거실 한쪽에서 해바라기를 하고 계셨다.

선생님은 불혹의 나이에 등단하셔 열정적으로 창작활동을 하셨는데 나 또한 선생님의 작가정신을 본받고 싶다. 선생님의 서재를 보지 못한 게 아쉬움으로 다가온다. 이제 선생님은 문학계의 큰 별이 되셨고, 나에게 글에 매진하라고 이르신다.

선생님은 《호미》라는 작품에서 "눈물이 날 것 같은 허망감을 시냇물 소리가 다독거려 준다."라고 했다. 또 다음으로 "침묵이 터뜨린 폭죽/침묵이 피워낸 꽃/백화난만한 꽃밭/침묵이란 지친 말, 헛된 말이 뉘우치고/돌아갈 수 있는 고향 같은 게 아닐까"라는 글귀와 《노란 집》에선 "편리한 것들 때문에 나무와 풀과 새와 나비와 교감하는 능력을 잃었다. 잃은 줄도 모르게 잃었던 것을 봄기운이 불러냈나 보다."

"나를 깨운 건 소리가 아니라 느낌이었다. 고요, 평화 부드러움의 감촉이었다. 나는 다시 자리에 들어 황홀하고 감미로운 수면 속으로 서서히 침몰했다."라는 글귀가 마음에 와닿는다.

시골 아저씨 같은 청정 작가
_윤기현 선생님

둘째 아이가 두 돌이 지났을 때로 기억된다. 두 살 터울로 아들을 키우면서 극심한 육아 스트레스에 시달리고 있을 즈음 동화창작법을 배우러 바깥세상으로 우뚝 나왔다. 그것이 숨통을 트여주는 유일한 방법이었다.

열띠게 동화창작을 강의하는 선생님의 박식함에 먼저 놀라고 인품과 제자들의 무한한 사랑에 두 번 놀랐다. 웃음을 가득 담아 재미있고 유머러스하게 이야기를 엮어가는 선생님의 강의를 듣고 있노라면 시간 가는 줄 몰랐다.

친근하며 정감 있는 시골 아저씨의 푸근함이 묻어나는 선생님-강의가 끝난 후 뒤풀이 장소에서 귀를 쫑긋 세우며 선생님 말씀을 듣곤 했다.

농촌의 현실과 농촌의 아이들 이야기가 담긴 동화들을 많이 썼으며 대표작품으로는《서울로 간 허수아비》를 비롯하여《보리타작 하는 날》《해가 뜨지 않는 마을》《회초리와 훈장》《어리석은 독재자》《당산나무 계숙이네》 등이 있다.

《서울로 간 허수아비》에서는 "들판에 일없이 서 있는 것보다도, 부잣집 정원에서 천대받던 것보다도, 쓰레기통에서 썩어지는 것보다도, 이렇게 몸을 불태워서나마 불쌍한 사람들을 돕는다는 것이 다행스럽다고 생각되었다."

《보리타작 하는 날》에서는 "낮 동안 빨갛게 익은 얼굴에 초롱초롱한 눈망울 굴리며 맛있게 밥그릇을 비우는 석이와 현이를 보면서, 아버지와 어머니는 새로운 기운이 솟아납니다. 파르스름한 형광등 불빛이 늦은 저녁 밥상 위로 환하게 쏟아져 내립니다."의 글귀에 공감을 했다.

선생님의 작품에서 향수를 진하게 느꼈으며 아이들도 선조들의 삶터인 농촌에서 체험을 통해 마음이 순화됐으면 하는 맘이다. 반찬이 맛이 없다고 투정을 부리며 인스턴트 음식에 길든 요즘 아이들, 대자연의 넓은 품을 뒤로 한 채 작은 사각의 디지털 기계에 갇혀 사는 아이들이 꼭 윤기현 선생님의 작품을 읽어 정서적으로 안정되고 풍부한 감수성으로 예쁜 말을 쓰며 마음적 여유를 갖고 푸른 꿈을 꿨으면 좋겠다.

오늘은 선생님께 오랜만에 안부를 전해야겠다. 슬그머니 미소가 머금어진다.

실험적인, 신세대 김애란 작가와의 만남

ㅅ 대학원 시절, 가을이 시작되는 즈음에 쌍둥이 작가인 김애란 작가의 문인초청회가 있어 인문학관으로 급히 달려갔다.

보통명사를 고유명사로 만드는데 힘쓰는 작가, 하늘을 바라보는 작가, 피에 쌀뜨물이 흐르는 작품을 쓰고 싶다는 실험적인, 신세대작가는《물속 골리앗》으로 젊은 작가상을 받았으며《종이 물고기》에서 "그는 손가락을 떼지 않은 채 포스트잇이 바람에 파르르 흔들리는 모습을 바라보았다. 그것은 마치 물고기의 아가미처럼 가쁘게, 그러나 팔딱팔딱 뛰고 있었다."라고 쓰여 있다.

《나는 편의점에 간다》에선 "나는 편의점에 간다. 많게는 하루에 몇 번, 적게는 일주일에 한 번 정도 나는 편의점에 간다. 그러므로 그사이, 내겐 반드시 무언가 필요해진다."와 《달려라 아비》에서는 '아비'가 이름인 줄 알았다. 아버지의 부재 속에서 꿋꿋하게 살아가는 주인공 아버지들의 삶은 숨 가쁘게 앞만 보고 달려야만 한다."라고 되어 있다.

상큼하고 젊음이 물씬 풍기는 싱싱한 초록빛 작가는 "두렵다는 건 진지하다는 것이며 진실함은 나에게 이상한 수치심을 주며 시니컬하다고 총명한 건 아니라."고 말을 건넸다.

동화계의 대부, 어린 왕자 정해왕 선생님

동화창작을 배운지 10여 년 만에 다시 동화에 대한 창작의 욕구로 어작교(어린이책작가교실)의 문을 두드렸다.

선생님의 첫인상은 지적이고 조금은 분위기가 있어 보였다. 선생님은 무려 책을 100여 권이나 냈단다. "우와, 대단한데, 다작의 저력은 어디에서 나올까?" 문학인으로서 부러움을 샀다. 범생이 스타일의 선생님. 나름 멋있다. 턱수염을 깎으면 더 멋쟁일 텐데.

더운 여름에 동화창작은 시작되었다. 유아 동화를 비롯하여 아동, 옛이야기, 판타지, 생활 동화에 이르기까지 매주 강도 높은 과제를 타이트하게 해야만 했다. 그래서 그럴까. 동화 분야에서 어작교 출신이 대거 당선을 하고 있다. 졸업으로만 끝나는 것이 아니라 각 장르별로 스터디를 하면서 질 높은 동화를 쏟아내는 것이다.

나름 책도 읽었는데 요즘엔 직장 다닌다는 핑계로 책읽기에 소홀히 하고 있다. 다시 정기를 받아 열심히 읽고 써 좋은 소식을 들려주고 싶은 마음이다.

나도 선생님의 문학혼을 본받아 평생 책과 글과 함께하며 모임을 만들어 수입 창출까지 이어졌으면 하는 맘이다. 나의 꿈이 이루어질 수 있도록 노력하고 또 노력하련다.

온유하고 정감 가는 노신사 한수산 작가를 만나다

5년여 전으로 기억된다. ㅁ성당 본당의 날에 한수산 작가를 범우관에서 만났다. 선생님의 첫인상은 깔끔하고 멋있고 정이 가는 노신사의 분위기를 물씬 풍겼다. 선생님은 명대사를 남겼다. "명사를 가지면서 추상명사를 생각하는데 반해 보이지 않는 추상명사를 위해 명사를 잃어버리고 있으며 1/3의 힘듦과 1/3의 가난과 1/3의 기쁨이 삶."이라고 했다.

출판이 자유롭지 못한 시대에 이적행위 등으로 고문을 당했단다. 《순교자의 길》을 쓰기 위해서 고문을 통해 담금질을 시키지 않았나 생각하면 하느님께 감사하단다.

우여곡절 끝에 어렵게 천주교 세례를 받았으며 생애 가장 아름다운 순간은 아이 안고서 사도신경을 외우고 있을 때였단다.

지금도 선생님은 영혼이 지치고 힘들 때마다 깨끗한 영혼을 위해 기도를 하고 계시리라.

청춘과 내면의 힘

_김진명 작가

"내면의 힘이 쌓이면 외면의 힘과 세상을 보는 눈이 생깁니다. 외면의 힘을 얻을수록 내면의 힘은 빠져나가며 약하니까 외면의 힘을 원하게 되는 겁니다."

이는 《무궁화 꽃이 피었습니다》로 큰 반향을 일으키고 현실과 픽션을 넘나들며 시대의 첨예한 미스터리들을 통쾌하게 해결해주는 김진명 작가의 말이다.

늦깎이 대학원생으로 난 몇 해 전 라일락 향기가 흩날릴 때 젊은 학생들과 어울려 '청춘과 내면의 힘'이란 주제로 김 작가의 열띤 강연을 들었다.

우리가 원하는 것은 돈, 권력, 배경, 외모, 소질 등의 외면의 힘이지만 진정으로 내면의 힘을 키워야 한다고 했다.

내면이 강한 사람은 받는 게 다르며 옳다고 생각하고 행동에 옮기면 그 뒤로는 무서울 게 없고 자신감이 생기며 실패할 때 어떻게 할 것인가를 고민하게 된단다. 알렉산더가 세계를 정복하고 디오니게스를 본 것처럼 말이다.

내면의 힘이란 진지함, 성실함, 검소함, 효도, 착함, 순수함, 사랑, 정직, 정의 등을 말한단다.

물질문명의 시대에 돈이 없는 행복을 누려보란다. 돈이 많으면 사람 만나기가 싫고 권태롭지만 돈이 없으면 '우주' '세계' '나'가 뭔지 깊이 있게 생각하게 된단다.

내면의 힘을 키우기 위해선 고민하고, 사색하고, 다양하게 책을 읽는 게 필요하다고 본다. 청춘들은 늘 불안하고 힘들어하지만 자기 목소리를 갖고 내면의 힘을 키우는 게 중요하다.

대학 시절, 전공서적 보다는 다양한 책을 섭렵했다는 작가는 분명 내면이 강한 사람임이 틀림없어 보였으며 곱슬머리의 헤어스타일과 인상에서 내면의 힘이 뚝뚝 묻어났다.

나 또한 힘들겠지만 마음속에 있는 나쁜 생각, 욕심, 슬픔, 아픔, 자존심 등을 버리고 좋은 내면의 힘을 길러 신화가 되고 정체성 있게 삶을 아름답게 일궈나가고 싶다.

진정으로 외유내강(外柔內剛)의 삶을 살고 싶다.

치열한 작가 혼이 깃든 신현림 작가

나와 본(평산 신씨, 申)과 돌림(현, 鉉)이 같은 신현림 작가, 그래서 더 친근감이 가는 작가와는 여러 번의 만남이 있었었다. 10여 년 전에 문학단체에서 노동당사와 금강산 등을 같이 갔다.

아름다운 풍경을 연신 카메라 렌즈에 담고 금강산 흙까지 담아와 선뜻 이해를 못 했는데 어머니가 이북 분이라 향수병을 달래려 그러나 보다 하고 치부하게 되었다. 버스 안에선 늘 책을 옆에 끼고 중요 글귀에 줄을 긋고 있어 역시 유명작가는 다르다는 것을 알았다.

선생님 딸과 우리 아이들이 버스 안에서 같이 앉아 서너 살 아이들과 쫑알쫑알 이야기도 나누고 과자를 손가락에 끼워 장난도 치고 먹기도 한 추억의 편린들이 떠오른다. 열성을 다해 아이를 키우는 모성애와 치열하게 글을 쓰는 작가정신을 본받고 싶다.

《슬픔에도 오리지널이 있다》에선 "어떤 물건에도 오리지널이 있듯 슬픔도 오리지널이 있지 않을까? 지상에서 멀리 떨어진 하늘에서 맛본 슬픔은 더 순수해서 이게 오리지널이 아닐까 싶었지. 하늘은 끝없이 넓고 관대하여 이대로 꺼져가도 괜찮을 듯 말야."

《희망 블루스》에선 "우리가 신경 써야 할 가장 중요한 문제 중 하나는 인간적인 친밀한 접촉과 관계를 유지하는 것이다. 고속화된 사회는 이런 관계를 유지하는 데 필요한 시간과 기회를 앗아가기 때문이다. 우리는 사랑하는 사람들을 기쁘게 해주고 그들에게 사랑받기를 좋아한다."라고 언급하고 있다.

신 작가와 언젠가 다시 만날 날을 기약하며 나도 그녀의 작품에 선명하게 줄을 긋는다.

나는 작가로소이다!

진실로 나의 평생 꿈은 책 속에 파묻혀 사는 것이다. 마음껏 책을 읽고 전 장르를 섭렵한 전천후 작가로 글을 쓰고 싶다. 사방이 책으로 둘러싸여 책과 사랑을, 희망을 노래하고 싶다. 하지만 현실적으로 이렇게 하기 위해선 어느 정도 경제적으로 여유가 있어야만 한다.

작가 중 상위 몇 퍼센트만 인세를 받아 생활하는 등의 작가로서 왕성한 활동을 하며 그 밖의 작가들은 글만 써서는 생활이 안 돼 생활전선에 뛰어들고 있는 실정이다. 책 한 권을 출간하려 해도 비용이 많이 들어 엄두를 못 내는 작가가 수두룩하다.

난 어떠한가? 등단한 지 15여 년이 된다. 수필가로서 세 권의 수필집을 내 뿌듯하지만 한편으로는 걱정이 앞서기도 한다. 앞으로 계속 책을 내고 싶은데 언제까지 출판비 걱정을 하며 책을 내야 하는지. 출판비 걱정 없어야 왕성한 창작활동을 할 수 있으며 베스트셀러가 나오지 않겠는가.

난 작가로소이다. 작가로서 소명을 다하며 서재에서 창작에 불타 치열하게 글을 쓰고 싶소이다. 그런 날이 오기는 오는 걸까? 하루하루 살얼음판을 걷는 기분으로 살아가는 불안정한 삶 속에서 또 다른 희망을 찾아야 한단 말인가.

작가 만 명 시대. 그 수많은 작가 중에 월등히 뛰어나지 않으면 소멸하는 삶처럼 살아야 하나. 국가에서 아니 지자체에서 많은 작가에게 출판비를 지원해주면 좀 더 적극적인 창작활동을 할 수 있을 텐데.

그렇다. 너무 현실을 비관하지 말고 순응하며 곳곳의 아름다움과 부조리에 대해 글을 써 독자들의 마음에 꽃을 피워주고 싶다. 또 더 살기 좋은 나라를 만드는데 작가로서 일조하고 싶다.

3

내 안의 평화여행

신앙

마음의 평화를 찾아서

_성 베네딕도 요셉수도원 피정

마음의 평화와 믿음을 공고히 할 겸 자모회원들과 불암산 자락에 있는 성 베네딕도 요셉수도원으로 피정(避靜)을 갔다. 수도원 입구엔 길게 배발으로 드리워져 있었고 시원한 바람과 개망초와 산딸기와 나비가 우리를 반겨주었다. 6월의 수도원 풍경은 평온함과 푸르름으로 그윽하였다. 이 수도원은 1500년 전의 중세 규칙에 따르며 가난, 정결, 순종의 3대 서원과 매일 기도하고 노동하며 살아가고 있다. 먼저 짐을 풀고 예수님의 삶을 생각하며 정성을 담아 십자가의 길(14처)을 하였다.

묵상을 하며 문득 난 진정한 그리스도인인지 반문해 본

다. 겨우 주일미사에 참례하고 묵주기도는 하루에, 아니 일주일에 몇 번 하는가? 그러면서 자녀들한테 신앙생활 열심히 하라고 운운할 자격이 있기는 하는 건지, 깊이 참회의 시간을 가져 보았다.

한편 신앙 성숙을 위한 노력으로 이룩한 결실로 성가정, 봉사, 미사, 성지순례, 노력(끈기), 성실, 효도이며 노력해야 할 것으로는 묵주기도, 성체조배, 성경 쓰기, 전교, 사랑하는 마음, 예쁜 말 쓰기, 욕심 버리기, 긍정 마인드 등으로 머지않아 풍성하고 튼실한 신앙나무가 될 수 있도록 간절히 기도드렸다.

o 미카엘라 수녀님은 사도신경은 한마디 한마디에 마음을 담아 신앙을 고백하는 것이며 고해성사는 내 영혼을 점검하는 과정이라고 하였다. 그리고 십자가의 길은 내 영혼을 정화해주고 흔들리는 신앙을 잡아주며 악습을 끊을 수 있다고 하였으며 묵주기도는 신비 묵상이라고 하였다.

신앙은 크나큰 선물이란다. 자녀들에게 '신앙'을 유산으로 물려주며 마음의 중심을 늘 하느님께 둠으로써 신앙의 불꽃을 피울 수 있단다. 또 미사를 통해 영혼의 치유를 느끼며 은총은 삶을 변화시켜 준다고 하였다.

드디어 기다리고 기다리던 행복한 점심시간, 푸짐하게 쌈과 고기로 한 상을 차리고 이야기꽃을 피웠다. 피정으로 자모회원들 간에 한결 가까워진듯했다. 어느새 강아지도 꼬리를 흔들며 아이들의 친구가 되어 있었다.

앞으로 피정 등을 통하여 성숙하고 노력하는 신앙인으로서 거듭나리라. 성당으로 돌아오는 발걸음은 한결 가벼웠으며 배가 탐스럽게 주렁주렁 열리는 계절에 가족과 함께 이곳을 찾아 하느님의 사랑을 다시 느껴보기로 성모님과 약속해 본다.

'생명의 길' 2코스 도보 성지순례

ㅁ성당에서 '생명의 길' 2코스인 성지순례길을 도보순례한다. 이 코스는 가회동성당에서 출발하여 의금부 터(종각역 SC제일은행 앞 화단)→전옥서 터(종각역 6번 출구 도로 쪽 화단)→우포도청(동아일보 신사옥 앞 화단)→형조 터(세종문화회관 앞 보도)→서소문 밖 네거리 순교성지→중림동 약현성당(서소문 순교자 전시관)→경기감영 터(서울적십자 병원 정문 옆)→명동성당으로 오는 장장 여섯 시간이나 소요되는 거리이다.

우리 가족은 성가정(聖家庭)답게 집합지인 가회동성당

으로 발길을 옮겼다. 헌법재판소 쪽으로 쭉 올라가니 북촌의 자태인, 선통과 현대를 넘나드는 성당 건축물이 눈에 띄었으며 200여 명의 순례객 중 아이들은 우리 애들뿐이었다. 문득 유모차에 태우며 성지순례를 했던 기억이 떠올랐다. 그 두 아이가 어느새 복사(服事: 미사를 지낼 때 사제를 도와 시종하는 사람)로 활동하고 있으니 하느님 은총이 아니겠는가. 하늘은 먹구름이 끼는가 싶더니 금세 활짝 개어 순례하기에 안성맞춤이었다.

가회동성당은 8·15광복의 기쁨을 맛보고 1949년 4월경 현재 위치한 가옥을 구입하여 방 두 개와 마루로 된 곳을 트고 아랫목에 제대를 꾸며 미사(miss: 가톨릭교회에서 거행하는 최대의 예배 의식. 천주를 찬미하고 속죄를 원하며, 다시 은총을 기원하는 것으로서, 예수의 최후의 만찬을 본떠서 함.)를 드렸으며 복음화를 위해 헌신하신 이들을 위하여 기도하였다.

순례는 하느님을 향하여 걸어가는 기도 행위이며 죄를 끊고 새 삶을 다짐하는 참회 행위이며 주께서 가신 길을 따라가는 믿음의 길이다. 또 주님과 함께 가는 수난의 십자가 길이며 선조들을 따르는 순교자적 결단 행위라는 것을 마음에 담으며 의금부 터를 향해 걸었다. 길게 늘어진 보도 위의 순례객들은 저마다의 기도를 드렸다. 의금부 터는 주교와 신부, 평신도 지도자들이 국문(鞫問)을 받던 곳이며 순교자 묵념과 주님의 기도와 성모송과 영광송을 드렸다.

잠깐 서울광장에 들려 세월호 희생자들에게 추모를 했다. 흰 국화 송이송이와 노란 리본리본마다 희생자들의 값진 넋이 고이 깃들기를 간절히 바라고 또 바랐다.

다음은 주형(主刑)이 집행되기 전까지 수감되어 있던 전옥서 터와 박해 시기에 신앙 선조들의 순교지인 우포도청 터를 향해 걸으며 순교자들의 넋을 마음에 새겼다. 형조 터는 천주교인이 압송되어 문초를 받던 곳이며 '하느님의 종'인 윤운혜, 정철상, 성 이광헌, 성 남명혁 순교자를 기억하여야 한다.

2Km 정도를 걸으니 다리도 아프고 배도 고파왔다. 드디어 서소문 순교성지. 이곳은 가장 많은 순교자를 탄생시킨 한국 최대의 순교 기념 성지로서 광화문과 함께 서울 도성의 시체를 운반하는 곳으로 순교자의 피로 물들기 시작한 것은 1801년 신유박해 때부터이다. 또한 교회를

위해 온 힘을 다하고 목숨까지 바친 평신도들의 용맹과 신앙의 결단이 찬연한 평신도들의 순교 터이기도 하다.

신유박해부터 1839년 기해박해, 그리고 1866년 병인박해에 이르기까지 수많은 신앙인이 온갖 고통 속에서 하느님을 증언한 거룩한 땅이며, 1984년 5월 시성된 103위의 성인 중 44분이 서소문에서 생명으로 하느님을 증언하였다.

서소문 성지에서는 이 세상의 평화를 위하여 기도한 후 풀밭에서 찰밥을 맛있고 배부르게 먹었다.

점심을 먹은 후 서소문 순교성지 기념 순례 성당인 중림동 약현성당으로 발길을 옮겼다. 이곳에선 우리 민족을 위하여 기도드렸다. 약현성당은 서소문 성지가 내려다보이는 언덕 위에 순교자들의 넋을 기리고 그 정신을 본받기 위해서 세워졌으며 1887년 수렛골(순화동)에서 한옥 공소로 출발하였다. 약현이란 이름은 당시 이곳에 약초가 많아서 붙여진 이름이며, 1892년에 완공하여 종현에 완공된 명동성당보다 6년이나 먼저 세워진 한국 최초의 고딕 양식인 벽돌조 성당으로 1977년에 문화재로 지정되었다. 하지만 1988년 2월, 방화로 성당 안이 거의 전소되어 공사 끝에 1999년 9월에 옛 모습을 되찾았다.

이젠 기진맥진해 지치고 힘들었지만, 종착 순례지까지 얼마 남지 않았다는 생각에 사력을 다해 경기감영 터를 향해 걸었다. 이곳은 '하느님의 종'인 조용삼이 옥중에서 세례를 받고 순교한 곳이기도 하다.

드디어 마지막 도착지인 주교좌성당인 명동성당으로 가는 길에 소나기가 내리는 것을. 부리나케 덕수궁 돌담길에 몸을 피하면서도 걷고 또 걸었다. 명동 입구엔 사물놀이패들이 우리를 반겨주듯 선발대가 되어 명동성당으로 가 순례객들도 덩실덩실 춤을 추며 뒤따라갔다. ㅁ성당에 도착해서도 한동안 사물놀이패와 한마음이 되어 한판 춤사위가 벌어졌다. 마침 ㅇ 추기경님의 강복과 '103위 순교성인' 성가를 부르며 도보 성지순례를 무사히 마치게 되었다.

도보 성지순례로 한층 영적으로 충만해지고 영혼이 맑은 베로니카(내 세례명)로 거듭나며 앞으로는 더 참되고 적극적인 신앙생활을 약속하니 살포시 마음 안엔 비둘기 한 마리와 성모님이 날 부르지 않는가.

참조: 명동성당 장년분과위원회 발간 《성지순례》 도보 순례

'참 부모가 되는 길' 피정

가정 생명분과 ME(Marriage Encounter)에서 부모를 상대로 '참 부모가 되는 길'이라는 주제로 피정을 하였다. 현충일 날 가족과의 약속도 뒤로한 채 성당으로 발길을 돌렸다.

부모 교육을 여러 곳에서 들었지만, 이번만큼은 배운 대로 아이들한테 해보기로 마음먹었다. 또한 부모로서 우리 자신의 모습을 성찰하고 자녀들과 눈높이를 맞춤으로 깊은 유대관계를 이루며 살아갈 방법을 함께 찾아보기 위해서 피정을 하기로 생각하였다.

여러 본당에서 ME 소속 부부들이 손을 꼭 잡고 인사하고 강의를 하는 모습이 참 좋았다.

“자녀는 부모의 등을 보고 자라며 작은 말 한마디가 아이의 인생을 바꾼다.”고 했다.

대화법에도 명령과 지시, 경고와 위협, 비난과 비판보다는 공감대화로 마음을 먼저 읽어주라고 했다. 칭찬에서도 진심으로 과정과 행동, 몸으로 해주란다.

가령 집착하고, 권위적이고, 비판적인 부정적인 생각은 몰입을 잘하는, 카리스마 있는, 긍정적인 생각이므로 두 감정은 동전의 양면과 같은 것이다.

참 부부가 되기 위해 믿음 안에서 크는 성가정이 되도록 노력하고 아이들도 감정대화 보다는 공감대화를 하여 가정이 사랑과 믿음과 축복이 넘치는 장으로 만들겠다. 아이들의 의사를 존중해 주고 아이들을 동등하게 생각하여 참 신앙 안에서 참 부부, 성가정이 되도록 가족 모두 노력하겠다.

피정이 끝난 뒤 파견 미사를 보았다. 입당송으로 〈사랑의 송가〉가 크게 울려 퍼져 나갔다.

의사소통에서 경청, 공감, 수용하면서 아이의 감정을

읽어 평온한 마음으로 살아갈 수 있도록 정서적 지지를 해주련다.

주말에 시간 내서 남편과 함께 ME 피정을 가고 싶은 맘이 생겨났다.

8월의 크리스마스에 교황님이 오셨네!

2014년 8월 16일은 우리나라 천주교 신자들뿐만 아니라 많은 한국인에게 축복받은 날이기도 하다. 프란치스코 교황님이 아시아 청년대회와 윤지충 바오로와 동료 순교자 123위 시복식을 위해 4박 5일간의 일정으로 지난 14일, 한국 땅을 밟았다.

우린 새벽에 광화문광장으로 가 삼엄한 경비 속을 뚫고 지정된 자리에 앉았다. 세월호 유가족, 이주노동자들을 비롯한 소외계층들과 17만 명 정도의 신자가 서울광장까지 이어져 교황님을 애타게 기다리고 있는데 아뿔싸, 화장실이 급해지는 것을. 갔지만 화장실 줄이 장사진을 이루었다. 간신히 한 시간을 기다린 끝에 해결할 수 있었다. 그때 비바 파파(viva papa)를 외치며 우레 같은 박수로 환영하는 소리가 들려왔다. 오픈카를 타고 환한 미소를 짓는 교황님은 미사 집전을 위해 순교자를 상징하는 빨간 제의로 갈아입고 라틴어로 미사를 집전했다. 순교자 찬가를 부르며 시복미사가 시작되었다. 시복을 선포하자 124위 복자의 초상이 그려진 걸개그림이 펼쳐졌다.

시복미사 강론에서 교황님은 "순교자들의 유산은 이 나라와 온 세계에서 평화를 위해 그리고 진정한 인간 가치를 수호하기 위해 이바지하게 될 것."이라고 밝혔으며 "순교자들의 모범은 막대한 부요(부유함) 곁에서 매우 비참한 가난이 소리 없이 자라나서 가난한 사람들의 울부짖음이 좀처럼 주목받지 못하는 사람들 안에 살고 있는 우리에게 많은 것을 일깨워 준다."고 말했다.

이어 "순교자들은 우리가 과연 무엇을 위해 죽을 각오가 되어 있는지, 그런 것이 과연 있는지를 생각하도록 우리에게 도전해 온다."면서 "순교자들이 죽음에 이르도록 간직했던 그 숭고한 자유와 기쁨이 무엇인지 마침내 깨닫게 될 것."이라고 강조했다.

교우들의 하얀 미사보와 교황님의 빨간 제의는 마치 눈 오는 날, 산타처럼 크리스마스를 연상케 했다.

교황님은 온 국민을 아픔에서 희망으로 승화시킨 삶의 비타민 역할을 하였다. 앞으로 지치고 힘들 때면 8월의 크리스마스를 생각하며 마음을 다독이리라. 그리고 일어나 비추리라.

내 안의 평화여행, 피정

성서주간에 복사자모회에서 '마르코복음' 통독을 하였다. 부끄럽지만 세례받은 지 20여 년이 넘었는데도 제대로 성경을 읽지 않았으며, 성경 읽기를 평생 과업으로 삼았다.

"성경은 인간의 언어로 표현된 하느님의 말씀이며 우리 인간의 역사와 문화 가운데 전승되어온 말씀"이란다. 또한 "인종의 장벽과 국경을 뛰어넘어 빛의 자녀로 살아 있는 책"이란다.

먼저 성체조배실에서 묵상과 기도를 드렸다. 내 안에 있는 나쁜 생각들이 다 빠져나가 평화를 찾기를 바랐다.

다음, 팀을 나눠 통독을 하였다. 성경 통독의 자세는 조원과의 속도, 음성, 조절이 중요하다고 ㅂ 수녀님은 말했다.

마르코복음은 기적에 관한 게 많다. "많은 병자를 고치시다, 오천 명을 먹이시다, 물 위를 걸으시다, 성찬례를 제정하고 십자가에 못 박히시고 숨을 거두시고 부활하시고 승천하시다." 등이다.

영화 〈검은 사제〉에 나온 마귀들과 돼지 떼도 마르코복음에 나온다. 난 복음 중 특히 겨자씨의 비유, 소금의 내용, 깨어있어라 등이 마음에 와닿았다.

"모두 소금에 절인 것이다. 소금은 좋은 것이다. 그러나 소금이 짠맛을 잃으면 무엇으로 그 맛을 내겠느냐? 너희는 마음에 소금을 간직하고 서로 평화롭게 지내라."

30분이 넘게 통독하니 눈도 흐릿하고 목도 아팠다. 세 시간 가까이 읽었을 게다. 통독하면서 주님께서 주신 사랑과 기쁨, 행복이 우리 안에 머물길 기도했으며 삶의 지혜를 배우고 신앙의 복음 안에서 살아갈 것을 약속했다.

모정이 숨 쉬는 당고개 성지순례

초등학교 동문 체육대회가 있어 고향 친정집에 왔다가 엄마 다니는 ㄷ성당에서 서울 용산에 있는 당고개로 성지순례를 가게 되어 버스에 동승했다. 비가 주룩주룩 내리고 있었다. 오늘 성지순례객들은 요셉회, 안나회라 연세가 지긋한 어르신들이다. 난 오래간만에 엄마와 자리를 같이하며 모녀의 정을 쌓아갔다. 4월의 봄 햇살은 유리창에 비쳐 엄마와 나를 따뜻하게 해 주었다.

본당에서 교우 각각 한 봉지씩 일용할 양식을 주고 점심도 푸짐하게 먹은 후 당고개 성지에서 미사를 드렸다.

엄마랑 같이 미사를 볼 수 있다는 게 얼마나 축복받은 일인가. 늘 자식들을 위해 묵주기도를 하시는 엄마. 여생, 하느님 말씀을 따르며 편안하게 사셨으면 하는 마음이다. 미사를 마치고 엄마와 작별 인사를 나눴다.

당고개 순교성지는 우리나라에서 세 번째로 많은 순교성인을 배출한 성지로서 아홉 명의 성인과 '하느님의 종' 이성례 마리아가 순교한 곳으로 1839년 기해박해를 장엄하게 끝맺은 거룩한 땅이다.

당시 사형선고를 받은 교우들은 서소문 밖에서 처형되었는데 설날 대목장을 앞두고 처형을 중지해 달라는 상인들의 요구에 당고개로 형장이 바뀌게 되어 12월 27일에는 박종원(아우구스티노), 홍병주(베드로), 손소벽(막달레나), 이성례(마리아), 이경이(아가타), 이인덕(마리아), 권진이(아가타) 등 일곱 분이, 12월 28일에는 홍영주(바오로), 이문우(요한), 최영이(바르바라) 등 세 분이 순교하였다.

하느님께 대한 뜨거운 사랑으로 순교의 월계관을 차지한 아홉 분의 순교자는 1925년 시복, 1984년 시성 되었고, 최양업 신부의 어머니인 이성례(마리아)는 '하느님의 종' 125위에 올라 지난 프란치스코 교황님이 한국에 방문하셔 광화문 미사 때 시복식이 있었다.

진정으로 박해시대에 이 나라, 대한민국에 가톨릭의 복음화를 위해 목숨까지 바친 숭고한 선열들의 순교를 본받아 조금이나마 이타적인 삶을 살 것을 가슴에 새겨본다.

깊은 울림이 된 사제·부제 서품식

"말씀하십시오, 당신 종이 듣고 있습니다(1 사무 3, 10)." 라는 초대의 말씀을 갖고 2018년 사제·부제 서품식이 고척동 스카이돔에서 있었다.

우리 성당에도 학사님이 부제서품을 받아 버스를 대절하여 갔다. 버스를 탔는데 같은 서울 하늘인데도 속이 울렁거렸다. 김밥과 떡으로 아침을 대신하고 묵주기도를 드렸다. 초등복사 아이들은 학교에 안 가고 체험학습을 신청해 신앙심이 깊어지는 시간을 가졌다. 난 서품식엔 처음 참석하는 거라 더 의미 있는 시간을 보내고 있다.

한 시부터 행사가 있는데 너무 빨리 와 좀 지루한 감도 있었다. 우린 4층으로 올라가 앉았는데 위를 보니 가팔라 아찔했으며 현기증까지 났다.

드디어 미사집전과 함께 서품식이 시작되었다. 거룩하고 웅장한 분위기는 나의 마음을 평화롭게 해 주었다. 주님의 종이 되기 위해 종신서원을 하는 사제·부제님들은 가장 낮은 엎드린 자세를 취하고 있다. 어떠한 유혹에도 굳건하게 자리를 지키며 하느님 말씀을 선포해야 하는, 어쩌면 외롭고 힘든 길을 택한 님들.

가장 꽃다운 젊은 나이에 흔들리지 않는 하느님 사랑으로 깨끗하고 순수하게 평생을 살아가야 하는 하느님의 자녀. 주님의 가르침을 겸허하게 받아들이고 보여 주신 그 길을 오롯하게 따르자 하며 어떤 어려움 앞에서도 흔들리지 않고 주님의 모범을 닮아 이 세상의 빛과 소금이 되라고 하신 말씀을 새기며 살아가야 하는 님들.

주 그리스도께 대한 순수한 사랑으로 온전히 헌신하는 독신생활로써 마음을 다해 그리스도와 결합하여 더욱 자유로이 하느님과 사람들을 섬기며 초자연적인 삶을 살아가야 할 님들에게 은총과 축복이 가득하길 기도드렸다.

그 사이 성가대에서 은은하게 울려 퍼지는 트럼펫과 비올라의 선율은 서품식과 신심과 앙상블이 되어 깊은 울림이 되었다.

성가대에서 하느님 사랑을 싣고

몇 년 만에 성가대에서 활동하는 것인가? 2년여 전에 성전에서 혼자 성가를 부르는 꿈을 꾸었다. 하지만 아이들이 어리고 게으름을 치부하며 활동을 하지 못했다. 이젠 다시 날갯짓을 할 때라고 생각했다.

성가대 활동한 지 벌써 8개월 정도 된다. 올해의 목표를 달성한 셈이다. 성가대에 처음 간 날, 단원들의 축하송은 잔잔한 물결이 되어 마음속 깊이 여울졌으며 축하식이라도 하듯 오곡의 비빔밥으로 간식을 먹었는데 이는 가히 융성한 만찬이었다. 입단하자마자 부활절을 앞둬 강행군으로 연습을 해 목소리는 가라앉기가 일쑤였다. 태어나서 긴 시간에 걸쳐 노래한 것은 처음이니까 말이다.

짝꿍인 악장님은 노래도 잘하고 피아노도 잘 치고, 지휘자님은 열정적으로 오랫동안 지휘하는 모습이 멋있다. 그동안 지켜본, 마음이 착할 것 같은 ㄱ 님도 있어 가슴이 뛰었다.

부활절에 단원들 단합대회 겸 뒤풀이를 배밭이 있는 식당에서 했다. 노래를 한 곡씩 뽑는데 역시 성가대 단원이라 그런지 잘 불렀다.

혼자만의 노래는 울림이 약하지만, 단원들이 힘을 합쳐 부르는 성가는 하모니가 되어 멀리멀리 울려 퍼졌다.

지난여름에는 명성계곡으로 야유회를 갔다. 어린애가 되어 물속으로 풍덩 들어가 물장난하고 몸을 물에 맡겼다. 유유히 흐르는 물-자연은 참으로 겸손하고 여유 있는 듯하다.

성가대를 하면서 봉사하니 보람되고 스트레스도 풀리는듯하다. 미사 때 성가를 부르면 긴장하면서도 즐겁게 부른다. 성가대 활동을 안 할 때는 성가대의 멋진 울림에 성가대 쪽을 바라봤는데 이젠 신자들을 내려보고 있으니, 아직은 단원들하고 친하진 않지만 먼저 다가가 손을 내미는 예쁜 성가대 천사이고 싶다.

성가대가 창립된 지 33주년 역사만큼이나 나도 기회가 되면 성가대 활동을 계속하고 싶고 내심 피아노를 배우고 싶은 맘이 생긴다.

"하느님, 성가대 단원 한 사람 한 사람에게 은총을 주소서."

바람이 있다면 피정이나 성지순례 등도 함께하여 영성으로 충만한, 하느님을 찬양하는 진실한 가톨릭인이 되고 싶다.

지금도 〈누군가 널 위해 기도하네〉, 〈십자가 그 사람〉 가사가 귓가에 맴돈다.

성가정 안에서 느끼는 하느님의 사랑

우리 가정은 성가정이라고 할 수 있나? 다니엘, 다윗이 초등학교 다닐 때는 형제가 나란히 복사를 섰기 때문에 하느님의 자녀가 된 것 같았다. 달력엔 아이들이 복사서는 날엔 빨간색으로 표시를 해 두었다.

나의 평생 과업인 새벽 미사를 다윗과 함께 다니며 다윗은 여러 번이나 코피를 쏟았지만, 다윗과 하느님의 사랑을 느끼곤 했다. '기특하기도 하지. 새벽 미사 보기 위해 어린 것이 일찍 일어나 성당에 가고…… 혹 학교에서 피곤하지는 않을지…….' 걱정도 많았다.

하지만 중·고등학생이 된 지금은 종교의 자유가 있다며 성당 가는 것을 게을리하고 있다. 언젠간 다시 성당에 나가리라고 믿는다.

남편은 레지오 활동을 열심히 하며 세 번째 성경 쓰기를 하고 있다. 나 또한 성가대 활동을 하며 하느님의 사랑 안에서 살아가려고 노력하고 있다. 난 간절히 기도한다. 성경과 교리와도 가까이하고 아이들이 늘 하느님 안에서 바르고 건강하게 성장하기를 바란다. 언젠가 다시 우리 집에서 〈사랑의 송가〉가 울려 퍼지기를 바란다.

순교자들의 고향, 안식처인 '신리성지'

ㅁ성당 장년 단체에서 충남 합덕에 있는 '신리'로 성지 순례를 가는 날, 아이들은 내내 차 안에서 게임 삼매경에 빠져 있는 것을. 바깥 풍경도 보면서 자연의 신비를 감상하며 도란도란 이야기꽃을 피우면 좋으련만.

신리는 박해기 때 조선 최대의 교우촌으로 병인박해(1866년) 이전까지 약 400여 명의 주민이 살고 있었는데, 그들은 모두 천주교 신자였다. 교우들은 당시 주교를 비롯하여 선교사제들의 활동에 결정적으로 협력함으로써 신리가 내포 지역 포교의 거점 역할을 하는 데 기여하였다.

1865년에는 위앵 민 신부, 도리 김 신부, 볼리외서 신부 등 세 명의 선교사제가 이곳으로 입국할 만큼 신리는 선교사들에게 가장 중요한 교우촌으로 인식되었다. 또한 이곳 성지는 조선 제5대 교구장인 성 다블뤼 안토니오 주교(1818~1866, 갈매못 순교)의 비밀 거처였다. 주교관은 초가집으로 깔끔하게 꾸며져 있으며 손자선 토마스 성인이 태어난 곳이기도 하다. 자신의 삶을 입으로 물어뜯어 내면서까지 천주 사랑의 증거를 보인 성인은 공주 황새바위에서 1866년 순교했으며 고향 신리에 묻혔다.

손 씨들의 집성촌이기도 한 신리성지는 1970~80년대 파묘 당시 머리 없는 유해와 많은 양의 묵주와 십자가가 출토되었다. 천주교 신자라는 이유 하나만으로 순교한 성인들의 조그만 무덤 앞엔 나무 십자가가 세워져 있고 묘 위로는 나비와 잠자리가 날아다니는 것을 보니 흡사 순교성인들의 넋 같기도 했다. 청포도가 익어가는, 7월의 햇살을 흠뻑 받아 녹음은 더 짙푸름을 뽐냈다.

병인박해로 인해 신리 교우촌은 전쟁터처럼 초토화되었지만, 기록으로 찾을 수 있는 순교자만도 41명에 이른다.

현대의 교우들은 선혈의 피로 마음껏, 자유롭게 천주님

을 모실 수 있지 않은가. 거룩하고 성스러운 신리성지에서 성인들의 신앙을 생각하며 믿음이 공고해지기를 바란다.

<신리성지에서>

아픔 없이는 님들을 기억할 수 없는
이곳 신리성지에 오면
들판에 부는 바람조차
님들의 목쉰 소리로 우리를 부릅니다.
복음을 증거하다 목숨 바친
순교성인들과 동료 순교자들
이름 없이 잊혀지며 죽어간 순교자들께
우리는 부끄러워 얼굴을 붉힙니다.
그 한결같은 신앙의 삶 닮지 못한 부끄러움
이토록 아름답고 유서 깊은 성지를
더 소중하게 가꾸고 지키지 못한 부끄러움
뉘우침의 기조로 봉헌하며 우리 마음 안에 먼저
기도의 기념비 하나 세우며 촛불을 밝힙니다.

– 이해인 수녀

십자가에서 사랑을 보라

_예수고난회 명상의 집

로사리오 성월에 자모회에서 우이동에 있는 '예수고난회 명상의 집'으로 피정을 갔다. 북한산이 병풍처럼 둘러져 명상의 집은 조용하였다.

각지에서 온 신자들이 신부님 말씀에 귀를 쫑긋했다. 테제곡인 〈두려워 말라〉로 피정은 시작되었다.

신부님은 삶을 통해 신앙을 증거하고 보여 가르치며 삶과 하나 되지 않으면 시작하기는 쉬우나 지속하기는 힘이 든다고 한다. 5분 가까이 침묵을 하였다. 시간이 갈 수록 훌쩍거리는 소리가 들렸다. 머리끝에서 발끝까지 긴장을 풀고 마음속에 하느님이 현존하심을 알게 해주는 시간이었다.

점심시간, 난 두 그릇이나 비웠다. 잠시 밖에 나가 해바라기를 했다. 가을 햇살은 등에 따뜻하게 내리쬐었다.

난 일정이 있어 먼저 나왔다. 주말이라 노랫소리와 계곡물 소리가 들렸다. 녹음으로 장막을 치고 고요함을 마음에 담고 잠시 힐링을 하는 시간이었다.

시간이 되면 피정을 통해 영성적으로 성숙하고 신앙이 깊어지는 계기를 마련하련다. 어느새 난 '우이-신설 경전철'에 몸을 실었다.

솔향기 따라 퍼지는 순교 성혈의 성역, 솔뫼성지

본당에서 순교자성월을 맞아 합덕성당과 솔뫼성지로 전신자 성지순례를 간다. 아침 일찍부터 분주했다. 버스가 무려 열여섯 대나 간다. 구역별로 버스에 올랐다. 우리 차에 아이들도 몇 명 눈에 띄었다.

성지순례지가 고향 쪽과 가까워 더 기대되고 설레었다. 아이들은 휴게소에서 신부님이 사준 핫바와 핫도그, 호두과자들을 맛있게 먹으며 웃음꽃을 피웠다.

두 시간을 달렸을까, 100년이 넘는 고풍스러운 성당이 눈에 먼저 들어왔다. 곧바로 교우들은 야외미사를 드렸다. 우리 가족은 맨 앞에 앉았다. 신성하고 거룩한 성지에서 미사를 드리니 은총을 두 배로 받는듯했다.

“참으로 영광스러운 순교자들이여, 저희도 그 영광을 생각하며 기뻐하나이다. 간절히 청하오니 자비로우신 하느님 아버지께 믿어주시어 저희와 친척과 은인들에게 필요한 은혜를 얻어주소서.”

미사가 끝난 후 점심밥을 먹었다. 뷔페 음식을 식판에 담아 풀밭에 털썩 주저앉아 쫄깃한 찰밥을 먹었다. 풀밭이 식탁이며 풍경들이 음식인듯했다. 성당 안은 아치형이며 예쁜 회색 벽돌로 아담하게 단장돼 있었다.

합덕성당은 1929년에 세워진 고딕 양식의 성당으로 충청도 지역 교회의 중심인 내포 지방의 중심에 자리한 유서 깊은 성당으로 1890년 양촌성당(충남 예산군 고덕면 상궁리)을 모태로 한다.

1899년 현재의 위치로 이전했으며 1997년 합덕성당으로 명칭이 변경되었다. 두 개의 첨탑을 지닌 성당은 사방 어디서든 그 모습을 볼 수 있으며 성당 구내에는 6·25 때 피랍되어 30년간 본당에서 재임하다 순교한 페랭 신부(백문필 신부)와 두 평신도의 순교비와 묘소가 있다.

1998년 충남기념물로 지정되었고, 2008년에는 성당 구내에 유스호스텔을 건립하여 젊은이들에게 하느님의 은총을 체험할 수 있는 공간으로, 인근 성지와 연계한 도보 순례 등을 통해 순교 신심을 고양하는 거점으로서의 역사유적과 문화 관광지를 탐방하는 가족 나들이에도 도움을 주고 있다.

합덕지방은 천주교의 사적지로 병인박해 때에는 여러 선교사가 체포되기 전 피신하였던 곳이다.

다음은 걸어서 솔뫼성지를 갔다. 친정집하고 지척의 거리라 집에 달려가고 싶어지는 것을. 도랑으로 연결된 동네마다 감과 밤, 호두가 주렁주렁 열려있고 잠자리가 가을을 즐기고 있었다. 파란 하늘과 넓게 펼쳐진 평야엔 벼이삭들이 익어가고 그 모습에서 어릴 적 추억에 잠기며 걷고 또 걸었다. 수녀님과 교우들과 이야기꽃을 피우며 한 시간쯤 걸었을까, 지난 8월 프란치스코 교황님이 다녀간 솔뫼성지에 오니 더 숙연해지는 것을. 소나무로 둘러싸여 솔뫼성지를 송산(松山)이라고도 한다.

솔뫼성지는 성 김대건 신부님의 출생지이며 증조할아버지를 비롯하여 4대가 산 순교자가 살던 곳으로 김 신부님의 신앙과 삶의 지표가 싹튼 장소로 하늘의 '베들레헴'이라고 불리며 신앙의 못자리이다.

1906년부터 합덕성당 크렘프 신부님은 솔뫼를 성역화하기 위해 인근 토지를 매입하여 1973년부터 솔뫼 성역화 사업을 계획적으로 시작하였다. 김대건 신부님 생가를 복원하고 순교자 신앙과 문화의 전당으로 자리 잡아가고 있다.

김대건 신부님은 1821년에 이곳에서 태어나 26세의 젊은 나이에 순교했으며 1984년 5월, 교황 요한 바오로 2세의 한국 방문 때 성인품위에 올랐다. 또 김대건 신부님은 우리나라 최초의 양학 유학자이며 조선의 최장 거리 여행자이며 연평도에서 상해까지 항해한 최초의 서해 항로 개척자이기도 하다.

돌아오는 버스 안에서 신앙 성숙을 위해 묵주기도, 성체조배, 전도, 성경 쓰기, 성지순례, 성가정, 봉사, 욕심 버리기, 긍정 마인드 등을 마음속에 새겼다. 버스 안에는 어느새 솔뫼성지에서 불어오는 솔향으로 가득 차있었다.

옥계성당에서 복사캠프를

강릉에 있는 옥계성당으로 1박 2일 복사캠프를 간다. 7여 년 만에 처음으로 복사들과 함께하는 캠프라 더 들떠있었다. 겨울 들어 가장 매서운 날이지만 그래도 좋다. 오랜만의 외출, 아이들과 함께하는 여행이지 않은가.

버스 안은 꽉 메워져 있고 주전부리를 하며 이야기꽃을 피웠다. 창밖으로 보이는 모습은 겨울 풍경인 잔설로 계절을 느끼기에 충분하였다.

두 시간 넘게 달려 드디어 기다리고 기다리던 점심시간이 왔다. 이구동성으로 와, 맛있겠다! 하며 함성을 질렀다. 디저트까지 맛있게 먹고 버스는 참소리 박물관을 향해 달렸다.

박물관 앞으로는 강릉호가 유유히 흐르고 가이드의 안내에 따라 참소리 축음기·에디슨·영화 박물관을 관람하였다.

관장은 어린 시절 생일선물로 컬럼비아 축음기(본 박물관 소장품 1호)가 인연이 되고 그 축음기로부터 흘러나오는 '참소리'에 매료되어 한평생을 축음기 수집가로 활동했다고 한다.

이곳은 세계 60여 개국을 돌며 수집한 명품 축음기 및 뮤직 박스, 라디오, TV 그리고 발명왕 에디슨의 발명품 등 수만여 점이 전시되는 소리와 과학이 만나는 곳이며 규모 면에서 세계 최대의 박물관이라고 했다. 참소리박물관은 영국의 대영박물관이나 프랑스의 루브르박물관과 같은 세계의 유명박물관에 합류할 수 있는 세계적 박물관으로 만드는 것이 꿈이란다.

대단하였다. 수십 년에 거쳐 많은 물건을 어떻게 수집하고 보관할 수 있었을까, 집념과 열정을 높이 사고 싶었다. 영화 박물관에서 무성영화인 찰리 채플린이 나오는 영화를 보며 웃음이 연발했고, 〈사운드 오브 뮤직〉의 영상과 선율은 날 향수에 젖어들게 해 가슴이 벅찼다.

다음 목적지는 옥계성당이다. 이곳엔 펜션이 있어 전

국 성당에서 온단다. 면 단위의 작은 성당 뜰엔 그네도 있고 강아지도 성당을 지키고 있었다. 짐을 풀고 저녁에 있을 삼겹살 파티를 위해 엄마들은 분주하게 움직였다. 무대에선 장기자랑 준비를 위해 손이 바빴다. 아이들은 잘도 먹는다. 양껏 먹고 오늘의 하이라이트인 장기자랑을 했다. 춤도 추고 노래도 부르고 게임도 하고 중등복사들은 쑥스러운지 동심을 잃었다며 참여를 뒤로했다. 아이를 대신해 앞에 나가 자작곡인 〈눈 오는 아침〉을 율동과 함께 노래를 불러 인기상을 받았다. 공간은 열띤 응원으로 후끈 달아올랐다.

엄마들은 뒷정리를 다한 뒤에 난로에 장작불을 지피며 술과 함께 여흥의 시간을 보내고 있는데 옥계성당 신부님이 오셔 이야기 배턴을 넘겨주었다. 유머러스하고 박력 넘치고 사업가 스타일인 신부님은 담배를 연신 피우고 술잔을 기울이며 이런저런 말씀을 두 시간 동안 하신다. 신부님의 히스토리를 듣고 있노라니 왠지 복잡한 감정이 얽혀 있었다.

초침이 새벽을 알려 예전엔 수녀원이었다는 숙소로 왔다. 숙소는 왁자지껄하였다. 누웠다. 피로가 한꺼번에 몰려왔다. 방바닥의 따끈함이 겹쳐 잠이 스르르 왔다.

이튿날 이른 아침에 머리까지 감고 나섰다. 북엇국으로

해장을 하고 새해 해돋이 명소로 유명한 정동진을 향해 갔다. 철썩철썩 파도가 위협적으로 밀려온다. 모래시계며 느린 우체통이 눈에 들어왔다. 잠시 시간이 멈춰져 있는 듯. 아이들은 기분이 상기돼 재잘대고 있었다. 한두 군데 관광명소를 더 둘러보고 가면 좋겠지만 기상악화로 아쉬움을 뒤로한 채 버스에 올라와야만 했다.

아, 얼마 만에 느껴보는 힐링인가? 나의 마음을 풍요롭게 하고 신심도 심어준 이번 캠프는 오랫동안 잊지 못할 것이다.

용서·화해·화합하는 남양 성모 성지순례

녹음이 울창한 6월의 기운을 담아 경기도 화성에 있는 남양성지로 순례를 간다. 이번엔 아이들 없이 남편과 단출하게 가게 됐다. 이른 아침에 ㅁ성당으로 발길을 재촉했다. 장년분과에서 주최했다.

버스 안에서 '환희의 신비' 묵주기도를 드렸다. 난 제대로 된 묵주도 준비 안 하고 건성으로 드렸다. 남편은 묵주기도가 끝나고도 내내 기도하다 깜박 잠든 사이 그만 묵주반지를 잃어버리는 대사건이 일어나고 말았다. 차창 밖으로 아카시아꽃이 팝콘이 된 듯 탐스럽게 피어 있었다. 가늘게 빗방울이 내렸다.

도착하여 경당에서 미사를 드렸다. 경당 안은 통유리로 되어 있으며 십자고상은 경당 밖, 들판에 있어 아름다움을 자아냈다. 파이프 오르간에서 울려 퍼지는 성가와 팝페라 가수를 능가하는 선율은 내 안에 울림이 되었으며 참회의 시간을 갖는 계기가 되었다.

남양 성모 성지는 병인박해 때의 순교지이며 성모님께 봉헌된 기도의 장소로서 천주교 신자들의 순례지이며 화성시에서 아름다운 8경 가운데 하나로 지정하여 관광객들이 많이 찾는 곳이기도 하다. 또한 지난 5월, 파티마 성모님 발현 100주년 기념일을 맞아 대성당을 짓고 있으며 평화의 모후 왕관의 열두 개 별 중 여섯 번째 별이 기도하며 이 땅의 평화를 위해 통일 기원 성모 마리아 대성당을 건립하고자 한다고 하였다.

대성당은 묵주기도 길과 십자가의 길이 만나는 성지의 언덕과 언덕 사이 계곡에 들어서며 특징은 41m 높이의 거대한 두 개의 탑이다. 이 탑은 성지 전체의 구심점이 되며 통일을 향한 지상의 영원을 형상화하며 유입되는 태양의 빛은 제대에서 하나로 통합되어 빛의 제대를 이룬다. 또한 대성당은 미사나 전례를 위한 문화 복음화의 장소뿐만 아니라 음악회나 공연 등 문화행사의 장소로도 활용될 수 있도록 설계하였다고 한다.

맛있게 점심을 먹은 후 '십자가의 길'을 하러 가는데 비가 추적추적 내리는데도 아랑곳하지 않고 우산을 받쳐 들고 영원한 벗인 남편과 40여 분에 걸쳐 14처까지 하였다. 교우들이 비가 와서인지 안 보였다. 식당에서 후식으로 수박을 먹었다는데 우린 별미도 잊은 채 기도 삼매경이었으니 은총을 받았음이 틀림없을 것이다. 남양성지는 공원에 온 듯 편안하게 느껴졌다.

비가 오는 바람에 일정이 당겨져 오후 두 시경에 버스에 올랐다. 기사님이 버스 의자 틈새에서 묵주반지를 주웠다며 건네주었다. 안도의 한숨을 쉬었다. 시어머니가 남편에게 물려준 사연이 담긴 반지인데 말이다. 버스 안에서 은총과 감사함의 묵상을 하였다.

"비록 우리가 돌멩이처럼 흩어져
각자의 삶을 걷고 있어도
우리는 모두가
바람처럼 왔다가 지는 꽃잎과 같이
외로운 길 떠나는 나그네입니다.
서로가 서로의 이름을 불러

서로에게 사랑을 전할 때
진정 세상을 살아가는 의미도
세상과 이별할 줄 아는 지혜도 알게 됩니다.
우리는 마음이 따뜻한 사람들입니다.

마음이 따뜻한 사람들끼리
서로의 마음을 열어
서로에게 행복을 전하는
행복의 천사가 되어야겠습니다.

주님께서 부르시는
삶이 다하는 그 날까지…….”

음악 피정 안에 평화를

촛불이 보라색으로 바뀌는 사순시기 전날에 본당에서 음악 피정을 하였다. 이야기와 음악이 있는 공동체 성가로 성령기도회에서 주최했으며 찬미, 영광, 치유, 평화, 기쁨, 감사, 파견, 선교 등의 성가로 되어있다. 마침 성령기도회 소속 신부님이 우리 성당에 보좌 신부님으로 오셨는데 신부님을 축하라도 하듯 성가는 울려 퍼졌다.

이야기와 음악이 있고 거기에 율동까지 하여 신선하였다. 성가를 부르고 있으니 돈, 명예 다 잊고 하느님과 수평 관계가 되는듯하였다.

외딸고 높은 산 골짜구니에 살고 싶어라 / 별 나비 그림자 비치지 않는 깊은 산중에 값없는 꽃으로 살고 싶어라 / 내 님만 보신다면야 평생 이대로 숨어서 살고 싶어라

〈두메꽃〉의 가사가 심금을 울렸다. 가사를 쓴 용산의 ㅇㅇ 신부님은 선종을 예감한 듯 하얀 버선을 신고 선종하셨단다. 신앙생활이 힘들어도 주님만 내 맘을 알면 행복하다고 했다.

중간중간에 개신교처럼 소리 내어 통성기도를 하는데 좀 이질감이 들었지만 난 마음속으로 기도를 드렸다. 매번 기도내용이 같으니. 기도 생활 열심히 하고 가톨릭 신자로 평생 베풀며 착하게 살아갈 것을 기도해야 하는데 이건 기복신앙이다.

오늘 음악 피정으로 성가대에서 활동하게 하는 촉매제 역할을 하였다. 진정으로 성숙한 그리스도인으로 거듭태어나 찬양하며 감사의 기도를 드리고 싶다.

하느님 보시기에 참 좋았다!

성당 레지오팀에서 홍천으로 야유회를 간다. 난 협조단원으로 활동하는데 요즘 남편과 말다툼을 해 안 가려다가 마음을 바꿔 먹었다.

빨간 버스 네 대가 나란히 갔다. 주말이라 그런지 차가 막히는 대신 눈은 호사를 누려 자연을 담기에 바빴다. 창밖으론 6월의 초록 물결로 눈이 시원하고 피로를 풀어 주기에 충분하였으며 하얀 밤꽃의 향기가 코끝을 스치고 논에는 파릇한 모들이 여름의 열기를 한껏 받고 있었다.

강원도로 넘어오니 강원도답게 산세가 험준하고 곳곳에 옥수수가 생기를 주었다. 두 시간여 만에 목적지에 도착하여 초등학교 분교에 짐을 풀었다. 지금은 폐교됐으며 여행자 센터로 이용되고 있다. 운동장 주위엔 앵두와 오디가 탐스럽게 익어가고 이순신 장군 동상이 턱 하니 버티고 있었다.

대부분 단원이 연령층이 많은데도 공 구르기와 바가지 물 넘기기 게임을 하는데 경쟁심리가 작용해 열정을 다해 "영차영차" 하며 웃음꽃이 만발하였다.

몸에 따스한 햇볕을 받으며 밥을 먹으러 마을회관으로 가는데 호밀과 담배가 심겨져 있는 밭으로 눈이 쏠렸다. 갖가지 나물류와 속까지 시원한 냉채국을 맛있게 먹었다.

배불리 먹고 남편과 함께 강물 소리를 들으러 홍천강 변으로 나갔다. 아이들은 때 이른 물놀이를 하고 물고기와 다슬기를 잡느라 손이 분주하였다. 나도 첨벙 강으로 들어갔는데 물은 미지근한데다 돌이 미끄러웠다. 남편과 이런저런 이야기꽃을 피우는 사이 그동안 쌓인 앙금이 가라앉는듯하였다. 수많은 조약돌 중에서 아주 작은 하얀 돌 두 개를 슬그머니 주머니에 넣고 숲속 길을 한없이 걸었다.

운동장으로 오니 자유 시간으로 누워있는 사람들, 담소를 나누는 사람들, 음악에 몸을 맡겨 흥겨워 들썩거리는 사람들이 눈에 들어왔다.

우리는 어느새 자연과 동화되었으며 시원한 바람은 볼을 스치고 단원들의 얼굴엔 미소가 가득하였다. 초면과 연령층의 괴리로 조금은 어색했지만 한 신앙인이라는 매개로 더 강하게 결속시켜 주었다.

소화도 채 안 됐는데 간식으로 바비큐 파티가 있단다. 지글지글 숯불에 구워 맛은 제격이었다. 굽는 대로 즉각 불티났다.

석양은 지고 보물찾기 시상을 한 뒤 버스에 올랐다. 흥에 겨워 버스 안에서는 노래와 춤판이 벌어졌다. 가수를 버금가는 노래 실력을 뽐내는 신부님, 나도 남편의 강력한 권유로 흔들거리는 버스 안에서 급기야 한 곡을 뽑고 말았다.

성당에서 열린 행사라 별로 기대를 안 했는데 단원들의 여흥에 감탄하고 절로 웃음을 자아냈으며 레지오를 입단하게 만드는 시금석이 되었다.

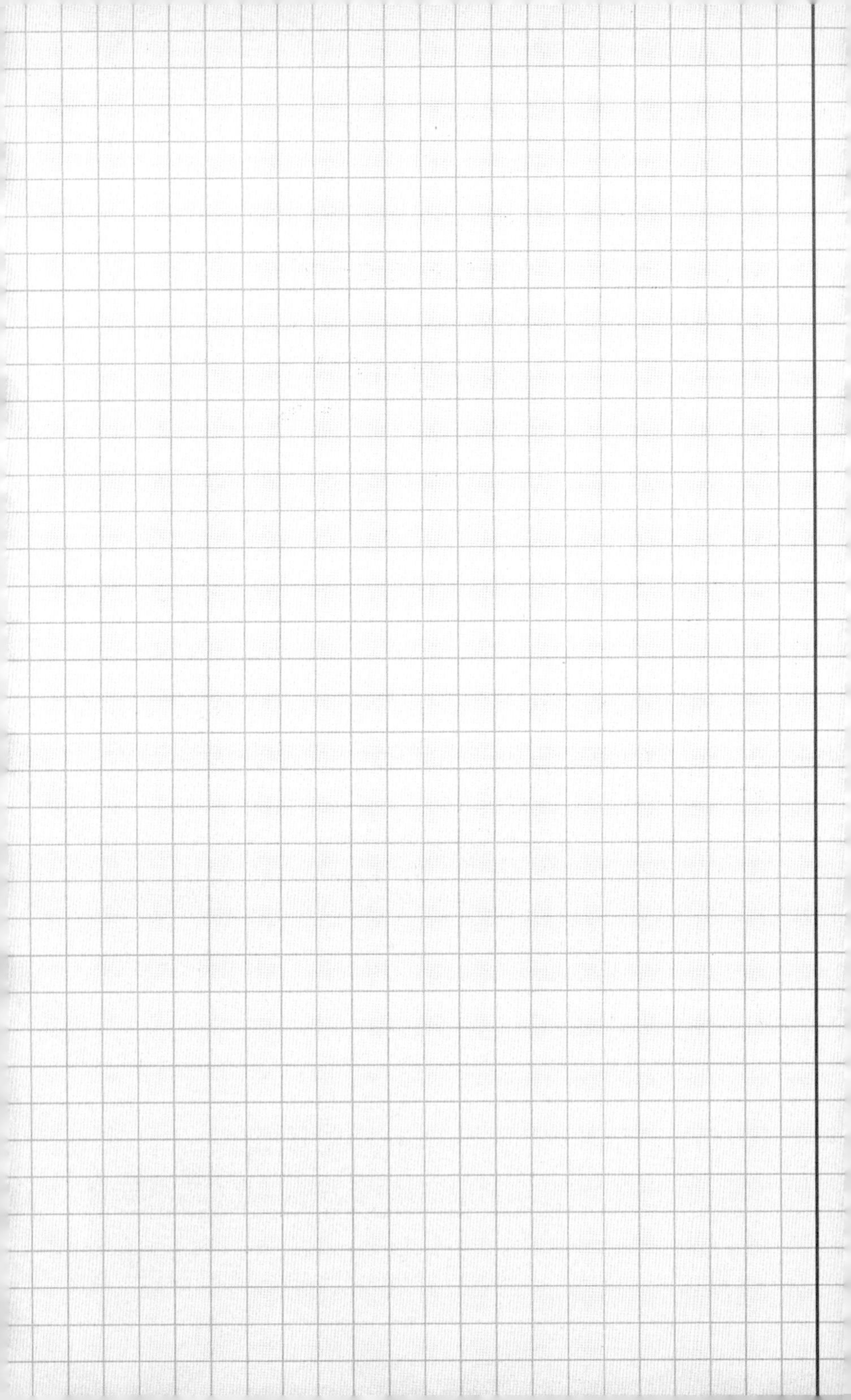

4

5월의 프러포즈

여행

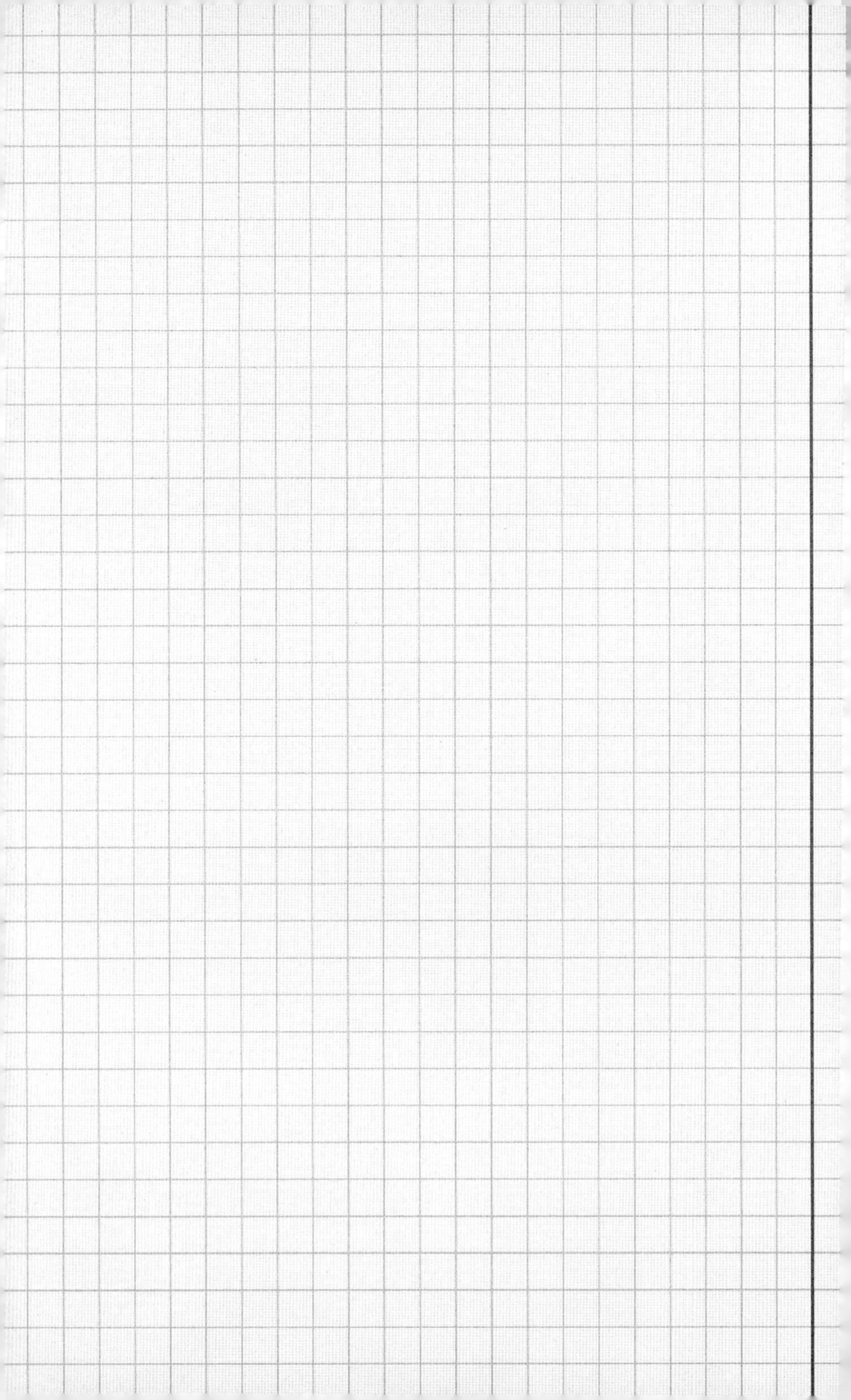

물과 연꽃의 향연 '세미원'

물과 연꽃의 정원인 세미원으로 Let's go! 아이들이 다니는 학교에서 가족 단위로 생태체험을 하러 세미원에 간다. 우린 중앙선 전철에 몸을 싣고 상기된 표정으로 여행지에 대한 기대에 가득 찼다. 40여 분 달렸을까, 목적지인 세미원에 이르렀다. 망망대해 팔당호가 보이는 언저리에 아름다운 꽃의 향연이 펼쳐졌다.

"와, 이렇게 많은 연꽃은 난생처음이야. 뷰티풀, 서프라이즈, 예술인데." 여기저기서 연신 감탄사가 흘러나왔다.

생태에 관한 해설은 생물에 박식한 교장 선생님께서 맡아 주셨다. 능소화, 옥잠화, 흑삼룡, 부들 등 다양한 수생

식물과 생태들이 서식하고 있었다. 생태의 보고를 보며 자연의 신비에 깊은 감사와 박수를 보낸다.

세미원(洗美苑)은 못과 꽃으로 만들어진 정원으로 관수세심(觀水洗心: 꽃을 보며 마음을 아름답게 하는 곳)으로 환경을 기본으로 한 교육, 역사, 문화의 향기가 물씬 풍기는 자연과 인간이 하나 되는 배움터로 이용되고 있다. 한편 연꽃을 사람에 비유한 사자성어들이 있다.

이제염오(離諸染汚): 연꽃은 진흙탕에서 자라지만 진흙에 물들지 않듯 주변의 부조리와 환경에 굴하지 않고 고고하게 자라서 아름답게 꽃피우는 사람을 이르는 말이다.

불여악구(不與惡俱): 연꽃잎 위에는 한 방울의 오물도 머무르지 않으며 물이 연잎에 닿으면 그대로 굴러떨어지듯 악과 거리가 멀고 악이 있는 환경에서도 결코 악에 물들지 않는 사람.

계향충만(戒香充滿): 연꽃이 피면 물속의 시궁창 냄새는 사라지고 향기가 연못에 가득하듯 한 사람의 인간애가 사회를 훈훈하게 만들고 고결한 인품은 그윽한 향을 품어서 사회를 정화하는 사람.

본체청정(本體淸淨): 어떤 곳에 있어도 푸르고 맑은 줄기와 잎을 유지하듯 늘 청정한 몸과 마음을 간직한 사람.

면상희이(面相喜怡): 연꽃의 모양은 둥글고 원만하여 보고 있으면 마음이 절로 온화해지고 즐거워지듯 항상 웃음을 머금고 말은 부드러우며 인자한 사람.

유연불삽(柔軟不澁): 연꽃의 줄기는 부드럽고 유연하여 좀처럼 바람이나 충격에 부러지지 않듯 융통성이 있으면서도 자기를 지키고 사는 사람.

연꽃에 담긴 깊은 뜻을 새기며 세미원을 한 바퀴(홍익원, 국사원, 관란원, 용비원) 둘러보는데 새 신발을 신어서 뒤꿈치가 까져 발이 곤욕을 치러야만 했다. 점심시간이 되어 정성 들여 싸온 도시락은 그야말로 꿀맛이었다.

밥을 먹은 다음, 자유행동을 해 남한강과 북한강이 만나는 두물머리에서 가족 간 정과 사랑을 재확인하는 시간을 가졌다.

문득 연잎을 쓰고 소나기를 피하기 위해 징검다리를 즈려밟고 싶은 생각이 드는 것은 왜일까?

부암동 소풍 길

비가 내린다. 우산을 받치고 약속장소로 갔다. 동화 모임에서 부암동으로 소풍을 간다. 설렌다. 비가 와도 좋다! 가족적인 일행들은 버스에 몸을 실었다. 청일점인 정 선생님이 눈에 띄었다.

먼저 한옥 도서관인 청운문학 도서관에 갔다. 세미나실에선 열띤 토의가 한창이고 도서관엔 책들로 가득 차 있었다. 잠깐 쉬는 시간을 갖고 대전의 명물인 튀김 소보로 빵을 먹는데 이건 환상적인 맛이었다.

그래도 비가 조금 와서 다행이다. 내려오는 길에 수도가압장 자리에 위치한 '윤동주 문학관'을 들렀다. 《하늘과 바람과 별과 시》 작가에 관한 영상을 보며 문학혼을 닮길 소망해 보았다.

배는 그리 고프지 않지만, 점심을 먹으러 갔다. 분위기 있고 정갈하게 반찬이 나왔다. 맛이 깔끔하고 속이 편했다. '차 한 잔하고 싶다'라는 생각이 들었지만 일행은 더 전망 좋은 곳에서 차를 마시기로 하고 ㅎ미술관으로 갔다. 단테의 《신곡》을 작품화한 것을 보며 작가혼을 보게 되었다. 다음 백사실 계곡을 향해 갔는데 계곡은 사진과는 달라 조금은 실망을 했다.

계곡에서 내려올 때는 길이 가팔라 힘들게 왔다. 분위기 있는 찻집에서 비싼 차를 주문하는데 시골뜨기 아줌마는 커피로 대신하였다.

"사람들이 좋다! 분위기가 좋다! 차 맛이 좋다!" 이대로 헤어지기가 서운해 몇 명의 글벗이 부암동의 명물인 치킨을 먹기 위해 호프집을 찾았다. 우리는 인생을 논했다. 머지않아 동화작가로서 왕성하게 활동하길 서로 격려해 주었다.

부암동 동명의 유래는 세검정 쪽 길가에 있는 높이 2m의 부침바위로부터 유래되었다고 한다. 부암동은 북한산과 인왕산 자락에 위치하므로 바위, 계곡 등과 관련된 지

명이 많다.

그동안 부암동에 가고 싶었다. 언론에서 촌과 도시의 두 가지 멋을 느낄 수 있다고 하여 들떴었는데 단면만 봐서인지 도회지적인 느낌이 더 강했다. 그래서인지 생각한 것보단 부암동은 싱거웠다.

서울 안의 별(別)동네

서울, 도시개발로 여기저기 고층의 아파트와 빌라, 단독주택들이 조화를 이루며 사람들은 살아가고 있다. 하지만 시대를 거슬러 살아가는 사람들이 있다. 노원구 중계본동에 위치한 백사마을과 강남구 개포동에 자리 잡은 구룡마을이다. "아파트단지에, 부촌에 웬 달동네? 별(別)동네가."

불암산 자락에 위치한 백사마을은 1960년대 서울 도심개발로 인해 철거민이 이주·정착하면서 형성된 마을로 지번 주소가 104번지여서 백사(104)마을로 불린다. 물어 물어 어렵게 찾아간 백사마을.

시골 분위기가 물씬 풍기는 마을 입구엔 교회도 있고 슈퍼도 있고 연탄도 보였다. 감나무집 라디오에선 구성지게 노래가 흘러나왔다. 정자엔 할아버지가 부채를 부치며 휴식을 취하고 있었다. 널려있는 빨래가 여름 햇살에 말라가고 난 매미 소리를 들으며 구슬땀을 식혔다.

중간중간에 빈집이 보였다. 알록달록한 벽화가 마음을 따듯하게 해주었으며 쉼터 역할을 해 주었다. 그래도 주거환경이 구룡마을에 비하면 훨씬 나은 편이었다.

구룡마을은 대모산과 구룡산 자락에 위치해 있으며 강남구 개포동에 있는 대규모 판자촌이다. 다닥다닥 붙어있는 집, 무허가 건물들, 숨통이 조여 왔다. 연탄 가게도, 교회도, 식당도 눈에 들어왔다. 화재에 무방비로 노출되고 폐기물로 방치된 마을은 시골을 방불케 했다. 손수 일군 밭에선 옥수수, 가지, 고추, 호박 등이 무르익어가고 있었다. 생존의 억척함이 묻어났다.

구룡마을 건너편으로 거대의 타워팰리스가 턱하니 버티고 있어 빈부격차의 양극화를 여실히 보여 주었다. 백사·구룡마을을 보며 난 서울 안에 내 살집이 있는 것에 감사하였으며 행복감을 느꼈다.

열악하고 비좁고 위험이 도사리는 곳에서 그들이 그토록 원하는 것은 뭘까. 가난은 대물림되는 걸까. 환경을 벗어날 수 없다는 걸까. 무능해서일까. 안타깝기만 했다. 하지만 대부분 사회적 배려자, 노인, 빈곤층들이 살아 현실에, 환경에 순응할 수밖에 없을 수도 있겠다.

희소식은 백사·구룡마을이 재개발지역으로 선정돼 머지않아 지금의 정겨운 모습을 보지 못할 것이다. 개인적으로는 서운함이 앞선다. '백사마을'의 경우 약간의 리모델링을 하여 서울의 달동네로 관광특구를 만들면 어떨까 하는 생각이 들었다.

재개발되기 전에 구룡산에 올랐다가 내려오는 길에 '구룡마을'에서 존엄성과 평등을 안주 삼아 막걸리 한잔하고 싶구나.

설원 위를 스키가 누비다!

버킷 리스트의 하나인 스키 타기에 50대 시골 아줌마는 도전장을 걸었다.

성당 삼총사 복사들과 엄마들이 의기투합하여 스키장에 가기로 하였다.

이른 아침에 전철역에서 만나 이야기꽃을 피우며 춘천행에 몸을 실었다. 한 시간은 그리 긴 시간이 아니다. 그 안에 이야기와 웃음이 있지 않은가. 청평-가평-굴봉산, 다음은 백양리역으로 우리 일행은 일제히 내렸다. 서울에서 가까운, 전철로 올 수 있는 스키장, 난 그 누구보다도 들떠 있었다.

'잘 탈 수 있을까, 혹 다치면 어쩌지, 중년 아줌마가 도전해도 되는 걸까' 별별 생각들이 스쳐 지나갔다.

드디어 ㄴ스키장에 도착, 먼저 아침을 챙겨 먹었다. 한철 장사라 그런지 맛도 없으면서 가격은 상상 그 이상이었다. 배를 채운 뒤 아이들은 장비를 챙겨 흥분하며 스키장으로 급히 향했다. 날씨도 차고 이른 시간이어서인지 스키어들이 간혹 보였으며 듬성듬성 사람을 태운 리프트도 보였다.

난 오후에 스키 타기에 도전해 보기로 하고 내 마음을 보여주고 싶은 자매들과 가족과 신앙 이야기를 나누는 사이 금세 시간이 지나갔다.

아, 이젠 운명의 시간이 다가오고 있다. 스키 타기 첫 경험에 도전하는 난 마냥 어린애처럼 들떠 있었다. 헬멧에 무겁고 투박한 스키화와 폴, '한창때도 경험하지 못한 것을 지천명의 나이에 경험하다니 출세했구먼.'

"설원 앞으로 가." 사춘기인 작은 아들이 강습을 맡기로 했다. 며칠 사이 둘 사이가 냉기류만 흘렀었는데 오늘을 기회로 만회해 보기로 하였다.

"시골 아줌마 올라가신다. 눈길을 비켜라." 아이는 호되게 코치한다. 일자로 가다 멈추려면 A자로 하란다.

"어떡해."

벌벌 떨었다.

"안 탈 거예요? 이대로 서 있기만 하면 안 돼요."

용기를 내어 천천히 내려가 봤다.

"아, 어, 내려간다."

순간 환호성을 질렀다.

올라갈 땐 리프트를 탔다. 겨울 공주가 되어 스키장을 눈에 담았다. 꼬마들도 씽씽 잘도 탄다. 원색의 옷을 입은 스키어들이 제각기 기량을 뽐내며 멋지게 타고 있는 평화로운 겨울 풍경이었다. 난 리프트에서 내릴 때 그만 엉덩방아를 찧고 말았다. 스키장에선 넘어지지도 않았는데 말이다.

다시 자신 있게 스키를 타기로 했다. 이번엔 두려움이 덜했다.

"다른 코스로 갈까? 왜 이리 경사가 심하지?"

다리가 후들후들, 가슴이 쿵쾅쿵쾅. 도저히 용기가 나지 않아 포기하기로 하였다. 알고 보니 중급코스였다니.

미련이 없다. 스키장 오는 것만으로도 만족했는데 타보기까지 하다니. 겨울 스포츠의 꽃인 스키 타기에 성공했다는 것만으로도 내 역사의 한 페이지를 장식한 셈이다.

오늘 일정을 마치고 돌아오는 길에 전철 안에서 아이들

은 고개를 이쪽저쪽으로 쏠리며 춤을 춘다. 나도 두 시간 정도 스키 탄 여파로 슬슬 피로가 몰려오더니 눈이 스르르 감긴다. 머릿속 기억들은 방울방울 여울져 꿈을 꾸듯 편린들이 스쳐 지나갔다. 문득 일자포즈를 취하며 스키 타는 모습이 어렴풋이 보인다.

아이의 일기장을 훔쳐보니 엄마가 생각보다 잘 탔다는 내용을 보며 살며시 미소를 지어본다.

설총의 정신이 깃든 소요산

추석 연휴인데 공원, 궁궐이 아닌 동두천에 위치한 소요산을 찾았다. 결혼 전 회사 산악회에서 25여 년 전에 왔을 것이다. 돌산으로 기억되는 산, 사춘기인 큰 녀석은 공부한다고 하고 작은 녀석도 동요돼 안 오려 했는데 향토음식인 '부대찌개'를 미끼로, 우는 아기 떡 하나 주는 격으로 간신히 데려왔다.

소요산 전철역에서 내렸다. 이곳까지 전철이 연결된 것에 또 한 번 기쁨의 찬사를 불렀다.

약간의 시골스러움이 편안함과 친근감을 주었다. 요석공주와 설총의 정신이 깃든 곳이기도 한 소요산-의상대를 향해 오후 한 시쯤 올라갔다. 낮은 산이지만 애를 먹게 하였다. 평상복 차림으로 산에 오르니, 난 몇 발자국 가다 숨이 차 헉헉거렸다. 산이 거기 있어 갈 수밖에.

전망대에 갔다. "아?" 감탄사만 연발할 뿐 아무런 말도 필요치 않았다. 우뚝 솟은 산만이 당당하게 서 있었다. 초록빛 자연이 내 마음을 평온하게 해 주고, 우린 그곳에서 정성 들여 싸 온 도시락을 먹었다. 초밥도 먹고 컵라면도, 계란도, 생선도 먹었다. 당연히 진수성찬이 따로 없고 꿀맛일 수밖에…….

일용할 양식으로 체력을 보충하고 또 정상을 향해 올라갔다. 추석 연휴이고 좀 늦은 시간이라 등산객이 드문드문 보였다. 정상인 의상대에서 인증샷을 찍고 하산하는데 아뿔싸! 길을 헤맸다. 간신히 임도(林道)를 찾아 내려오는데 산등성이에 붉은 노을이 걸쳐져 있었다. 황홀경에 빠지며 돌에 부딪히고 걸리고, 마음이 급해졌다. 한참을 내려와 선녀탕에서 나무꾼의 지게를 보려 했는데 선녀는 어느새 하늘로 올라갔구나.

어렵게 어렵게 내려와 한숨을 돌릴 사이, 자재암이 보였다. 자재암은 원효성사께서 요석 공주와의 인연이 있은 후 오로지 수행 일념으로 인적이 두절된 심산유곡을 찾아 산자수명한 아름다운 신에 초막을 짓고 용맹 정진

하여 높은 수행을 쌓았다는 유래가 전해 내려오고 있다.

자재암의 풍경 소리를 들으며 지친 몸과 마음을 정화했으며 등산으로 가족 간 정을 흠뻑 느낄 수 있는 뜻깊은 하루였다. 밤이 깊어 비록 '부대찌개'는 먹지 못했지만 말이다.

생태·생명의 산실, 논산 그리고 백제문화의 보고, 부여

아이들이 다니는 학교에서 학부모 재능기부팀과 자녀들이 논산과 부여로 '생태·생명'과 백제문화를 체험하러 간다. 비가 오는 와중에도 큰아이와 아침 일찍부터 서둘러 기차역으로 갔다. 약속시간이 남았는데도 일행들이 웅성거렸으며 먼발치에서 손짓하였다. 우린 논산으로 가는 호남선 1호 차에 몸을 실었다.

기차 안에는 삼삼오오 앉아 이야기꽃을 피웠다. 기차여행의 감초인 과자와 음료수, 삶은 계란을 먹으면서 말이다. 3학년 여자아이는 상기된 표정으로 기차여행은 처음이라며 기차가 너무 신기하다고 말했다. ㅇ 선생님과 마주앉아 도란도란 재미난 이야기 속으로 빠져들었다. 선생님은 인자하시고 친근함과 푸근한 인상을 주며 더욱이 개인사까지 말씀해 옆집 언니처럼 여겨진다.

창밖으로 비가 내리고 창문엔 물방울이 맺혀 손가락으로 하트를 그려 보았다. 드디어 두 시간 삼십 분여 만에 논산역, 바로 버스로 갈아타고 친환경 인증 농가인 포도농장으로 향하던 길에 논산훈련소가 눈에 들어왔다. '우리 두 녀석도 10년 뒤면 국방의 의무를 지키기 위해 이곳으로 오겠지. 혹 그 안에 통일되는 게 아냐.'

논산은 우리를 반겨주는 듯 비가 오지 않아 체험 활동하기에 안성맞춤이었다. 포도농장에서 포도 수확 체험도 하고 인절미를 만들기 위해 떡메치기 하는 엄마와 아이들의 얼굴마다 함박웃음이 활짝 피어났다. 그리고 제기차기를 하여 상품으로 포도를 준다기에 엄마들과 아이들이 안간힘을 다해 어릴 적 실력을 발휘했지만, 몸이 따라주지 않는 것을.

다음, 체험마을에 가서 유기농 뷔페식 백반인 시골 밥상으로 한상 가득 차려 점심을 맛있고 배부르게 먹었다. 아이들은 들판을 운동장 삼아 자전거 타기에 분주하였다. 파란 하늘엔 잠자리가 노닐고 있었다. 넓고 푸르른 들이 눈에 들어오니 고향에 온 듯 편안하였다. 포만감을 느끼며 백제문화를 엿볼 수 있는 부여로 핸들을 틀었다.

궁남지(宮南池)는 부여 남쪽에 위치한 백제의 별궁 연못으로 백제 무왕 때 만들어진 것으로 보이며, '궁궐의 남쪽에 연못을 팠다'는《삼국사기》의 기록을 근거로 궁남지라 부른다고 했다. 20여 리나 되는 긴 수로로 물을 끌어들이고, 못의 중앙부에 석축과 버드나무가 남아 있어 섬이 있었음을 알 수 있으며, 주변에서 백제 토기와 기와 등이 출토되었다고 한다. 연못의 규모 또한 정확히 알지 못하지만, 당시에 뱃놀이를 했다는 기록이 있어 그 크기를 짐작할 뿐이라고 한다.

궁남지를 구경한 후 부소산성으로 발길을 돌렸다. 오르고 또 오르고, 여름의 전령사인 매미가 그토록 울어대지만 지친 피로를 달래주진 못했다. 부소산성은 백제 토성으로 평상시에는 궁의 정원이 되었고 전쟁시에는 최후 방어성으로 이용되었다. 산성 안에는 식량을 저장하던 군창지, 삼천궁녀가 절개를 지키기 위해 몸을 던진 낙화암, 고란사, 고란초, 해맞이 영일루, 달맞이 송월대 등 고대 중국·일본과 교역로 역할을 하였던 백마강이 바로 옆으로 유유히 흐르고 있었다. 백제의 정기를 품고 앵글에 담았다.

부소산 서쪽 낭떠러지 바위를 낙화암(洛花岩)이라고 하는데 백제 의자왕 때 신라와 당나라 연합군이 일시에 수륙양면으로 쳐들어와 삼천궁녀가 절개를 지키기 위해 이곳에 와서 치마를 뒤집어쓰고 깊은 물에 몸을 던졌는데 궁녀를 꽃에 비유하여 낙화암이라고 부른다고 한다.

낙화암은 백마강 강가에 묘사된 절경의 산지에 위치해 있으며 고란사가 나란히 기록되어 있어 반월성, 대왕포, 고란사, 삼충사 등과 함께 8경에 속한다고 한다. 문득 나의 젊은 날에 회사 동료 몇 명과 이곳에서 헌팅한 일들이 스쳐 지나간다. '신성한 역사의 보고에서 절개를 지키지 못할망정 웬 데이트'.

"휴", 빽빽한 일정으로 오후 세 시가 좀 넘어 서울로 올라가는 기차를 타기 위해 논산역으로 발길을 재촉했다. 좀 여유 있게 백제문화를 접하면 좋을 텐데, 시간적 제약으로 아쉬움이 남았지만, 이번 백제문화 체험으로 조금이나마 충성심도 생기고 역사를 바로 보는 안목도 생겼다. 또한 나를 돌아보는 계기도 되었다. 하지만 여전히 기름에 물 탄 듯 학부모들과의 사이가 부자연스러웠다. 기차 안에서 잠시 삼천궁녀의 혼을 생각하며 '내가 만일 그 당시 궁녀였다면 어떻게 했을까?'라는 엉뚱한 생각에 잠겨본다.

왕 방 강 또시 오고픈 제주도

와서 보고 가서 다시 오고 싶은

둘째 언니네와 3박 4일로 제주도에 간다. 엄마 생신을 겸해 가는 건데 엄마는 김장을 무리하게 한 탓인지 척추에 무리가 가 입원해 계신다. 주인공이 빠져 안 가려 했지만 이미 표를 다 예매한 상황이라 어쩔 수가 없었다.

저가 항공을 타고 갔다. 비행기 안에서 본 하늘의 모습은 가히 예술이었다. '아, 자연의 신비여.' 구름 위를 걷고 싶어졌다. 순간 천사가 된 기분이었다. 아이들은 처음으로 비행기를 탔는데 경이의 목소리와 함께 셔터를 눌러대기에 바빴다.

한 시간여 만에 환상의 섬, 제주도에 저녁 무렵 도착했다. 먼저 먹거리를 언니가 미리 준비해왔지만 그래도 부족해 마트로 향했다. 숙소는 형부의 직장 수련원이다. 여행 오면 무엇을 먹어도 맛이 있으리. 저녁 식사 후 밤바다를 둘러보았다. 거세고 푸른 바다, "쏴~"하니 거센 파도가 삼킬 듯이 달려오고 있었다. 잠시 자연과 동화됐지만, 밤바람이 차 숙소로 돌아왔다. 아이들은 PC방, 노래방, 탁구장을 오가며 놀이를, 여행을 만끽하고 있었다. 난 여전히 흘러간 유행가를 부르며 어깨를 들썩이고 있었다.

여행 둘째 날, 아침 9시쯤 나와 해안도로를 드라이브했는데 운전대를 잡은 대학생 조카가 부럽기까지 했다. 제주는 곳곳이 관광지이다. 과물해변에서 내렸다. 밀려오는 파도와 하얀 포말, 겨울 바다는 우리네를 반겨주었다.

점심을 은갈치 조림으로 먹었는데 왜 이리 비싼지……. 식당 입구에 애꿎은 귤만 몇 개 따 입에 물었다. 상큼한 향기가 입안을 맴돌았다.

오후에 주상절리, 천제연폭포, 용연다리에 갔다. 주상절리는 화산분출로 용암 표면의 균등한 수축으로 인해 생긴 수직 방향의 돌기둥을 말하는데 약 1km에 이르는 해안에 걸쳐 높이가 30m 정도이고 사각 내지 육각형 바위가 깎아내린 절벽이 그야말로 장관이었다.

천제연폭포는 중문단지에 있으며 옥황상제의 못이라는 의미를 담고 있는데 밤마다 옥황상제를 모시는 칠선녀가 별빛 속삭이는 한밤중에 영롱한 자줏빛 구름다리를 타고 옥피리를 불며 내려와 맑은 물에 미역감고 노닐다 올라간다는 전설이 전해지고 있다. 삼단으로 된 폭포는 시원하게, 줄기차게 내리 뿜고 있었다.

여행 분위기는 갈수록 빛을 더했다. 가로등의 운치 있는 불빛, 용연에 걸쳐있는 구름다리의 휘황찬란한 오색 불빛과 용연 양쪽을 따라 깎아지른 듯한 절벽 곳곳을 수놓은 불빛 등이 함께 어우러져 환상적인 풍경을 자아냈다. 자연 앞에선 감탄사만 연발할 뿐. 여독으로 지친 몸을 찜질방을 방불케 하는 뜨끈뜨끈한 2층 다락방에서 풀었으며 단꿈에 빠졌다.

3일째 되는 날은 성산일출봉과 제주박물관, 김녕 미로공원에 갔다. 비가 간간이 뿌렸다. 언니는 10분 정도 올라가다 다리 아프다며 걸음을 멈춰 선다. 182km의 일출봉 정상엔 분화구가 있고 바위들이 기괴했다.

성산봉은 커다란 사발 모양의 평평한 분화구가 섬 전체에 걸쳐 있으며 분화구 위에 99개의 바위 봉우리가 빙 둘러 서 있는데 그 모습이 거대한 성과 같다 하여 성산이라 했으며, 해돋이로 유명하기도 하다. 흑돼지를 먹고 싶었지만, 어제 지출이 많아 분식으로 간단히 요기한 뒤 선물용 열쇠고리, 감귤초콜릿, 귤 등을 샀다.

다음, 제주의 자연과 문화 그리고 역사가 함께 공존하는 문화공간인 제주박물관을 찾았다. 박물관은 고고·역사박물관으로 선사시대부터 조선시대까지 각 유적과 유물이 전시돼 있었다. 박물관에서 제주의 역사와 문화의 향취를 느끼는 충분한 시간이었다.

피곤함이 몰려오지만 만장굴 입구에 있는 김녕 미로공원에 갔다. 자연에 대한 깊은 철학과 즐거움을 생각하는 해학이 있는 곳이기도 하다. 미로는 조랑말, 뱀, 고인돌, 배 모양 등으로 되어 있으며 사계절 푸르른 랠란디나무가 반겨주었다. 또 공원은 미국인 더스틴(F.H. Dustin) 교수님이 1983년에 손수 땅을 파 나무를 심어 가꾼 공원으로 3년 만에 완성했단다. 수입금의 80%를 지역사회로 환원하고 있다고 하였다.

저녁 식사를 맛있게 한 후 맥주를 사이에 두고 언니와 조카와의 의견충돌로 잠깐 불협화음이 있었지만 잘 마무리되었다.

여행 나흘째 되는 날, 제주에서의 3박 4일 여정을 마치고 일상으로 와야 할 시간, 한라산 근처의 숙소엔 우박까지 내렸다. 기후변화가 심한 제주, 이것이 제주의 또 다른 매력이 아니던가.

이번 제주 여행은 친정엄마와 남편이 빠진 두 가족 여행이었지만 나름 재미있었다. 좀 더 계획을 짰으면 시간도 절약하고 알차게 여러 곳을 더 다닐 수 있지 않았을까, 하는 아쉬움도 남는다. 다음엔 외국으로 여행 갈 날을 고대하니 벌써부터 가슴이 뛰며 활력에 박차를 가하게 되는 것을.

웃음과 행복이 묻어나는 소풍

초등학교 졸업 후 40여 년 만에 친구들과 소풍을 간다니 설레어 잠이 오지 않았다. 소풍은 태안에 있는 신두리 해안사구와 천리포 수목원으로 간단다.

친구들한테 줄 양으로 난 계란을 삶아 챙겨 새벽에 집을 나섰다. 버스엔 친구들이 하나둘씩 탔다. 우린 어느새 타임머신을 타고 6학년 교실에 앉아 쫑알쫑알 이야기꽃을 피웠다.

"솔방울과 은행을 주웠다는 둥, 송충이를 잡았다는 둥, 모를 심었다는 둥." 끝없는 이야기 속으로 풍덩 빠졌다.

그 사이 목적지에 다다랐다. 태안에 이런 곳이 있었다

니, 그야말로 장관이었다. 사구(모래 언덕)는 사막을 방불케 했다. 해안사구 둘레길을 걸으며 솔향에 취하고 우정에 취하며 연신 셔터를 눌러댔다.

빙하기 이후 약 1만 5천 년 동안 형성된 신두리 해안사구는 해안선 보호와 동식물의 중요한 서식 공간이며 지하수 저장 공간 역할을 하고 있다. 해안사구에는 모래 거저리, 천궁표주박 바구미, 참뜰길앞잡이, 개미귀신, 큰 집게벌레 등이 살고 있다.

'금강산도 식후경'이라, 바다가 보이는 횟집 2층에서 숨도 못 쉴 정도로 마음껏 배불리 먹었다. 회를 비롯해 반찬들이 입에 착 달라붙었다.

다음, 천리포 수목원으로 향했다. 갖가지 나무와 꽃들이 우리를 반겨 주었다. 가을 하늘도 청명하고 친구도 있고 배도 부르고 뭐가 더 필요하겠는가?

이젠 보트를 타러 갔다. 조끼를 입고 무서움이 눈앞에 있지만 탔다. 무서움과 스릴에 여기저기서 환호성을 질렀다. 여기엔 나이가 필요치 않았다. 친구들의 얼굴엔 웃음꽃과 사랑이 가득 묻어났다. 아쉬움을 뒤로하고 다음엔 더 알차고 더 재밌는 소풍을 꿈꾸며 안녕을 고했다.

"친구들아, 재밌었지? 우리 늘 건강 지켜 환갑, 칠순, 팔순 때도 여행 가자꾸나 친구들아, 사랑해."

인천 차이나타운 & 월미도에 취하다!

어린이날을 맞아 홀가분하게 아이들하고만 지하철 투어를 하고 싶었는데 ㅅ네랑 인천 차이나타운에서 같이 보내기로 하였다. 남자애들이 무려 네 명, 초등학생부터 고등학생까지이다. 지하철을 타고 두 시간여 만에 인천역에 도착하였다.

역 앞에 붉은빛으로 휘장한 차이나타운 글씨가 눈에 들어왔다. "야, 신난다." 인증샷을 찍고 차이나타운 안으로 갔는데 휴일을 맞아 인산인해를 이뤘다. 중국 사람들로 넘칠 줄 알았는데 한국 사람들이 더 많았다. 마침 점심때라 중국식당에 들어가 음식을 주문했는데 맛은 우리나라

주방장 손맛과 별반 다름없었다. 식당 앞에서 기다랗게 줄을 서 기다리는 사람들, 여행 중에 식도락은 빠질 수 없지 않은가.

차이나타운은 1883년 인천항 개항 이후 청의 치외법권 지역으로 중국인이 집중적으로 거주하면서 조성됐으며 다양한 먹을 거리와 즐길 거리가 있었다.

점심을 배불리 먹고 얼마 지나지 않아 간식으로 양꼬치를 먹었는데 나름 쫄깃하고 맛이 있었다. 중국 화교들을 위해 1966년에 세워진 해안성당(열 분의 순교자를 기리는 순교성지)도 보이고 삼국지의 벽화 거리엔 유명한 글귀들이 보였다. 그 중 '삼고초려'가 명중했다. 유비가 제갈공명을 세 번이나 찾아가 군사로 초빙한 데서 유래한 말로 임금의 두터운 사랑을 입고 겸손한 태도로, 간곡한 성의를 뜻하는 말로 쓰이게 되었다.

조계지엔 중국과 일본 건물들이 보였으며 '동화마을'엔 노후주택 밀집 지역을 동화로 테마를 한 벽화 조형물 등을 다채롭게 설치해 도시경관을 아름답게 꾸며놓았다.

해가 산허리에 걸칠 때 월미도에 갔다. 달의 꼬리를 닮아 이름 붙여진 월미도는 러일전쟁 및 병인양요와 인천상륙작전의 주 무대로 인천역사의 중심에 있다. 또한 월미공원, 문화의 거리, 놀이동산 등이 들어서 관광객이 찾는 인천 최고의 관광명소로 자리매김하고 있다.

인천역에서 월미도로 가는 길은 차라리 걷는 게 훨씬 나았다. 드디어 월미도에 도착하니 답답한 마음이 확 트였다. 예전의 모습과는 달리 건물들이 많이 들어서고 깨끗하게 정비되어 있었다. 아이들은 유람선을 타고 갈매기에게 과자를 주고 1층에선 어린이날 행사로 자리를 꽉 메웠다. 1시간 30분여 만의 유람을 했다.

저녁 메뉴는 조개구이다. 불에 쩍쩍 벌어지는 조개를 맛있게 먹었다. 비는 내리고 우린 감상에 잠겨 선상에서 펼쳐지는 불꽃쇼와 마술쇼를 보았다. 시간은 밤 10시를 가리켜 갈 길이 멀어 방을 잡았다. 아이들은 호텔이라며 함성을 지르고 욕조에서 나올 줄을 모른다. 난 찬 바람을 쐐서인지 기침에 깊은숨을 몰아쉬어 지난해 안동 여행과 흡사한 고통의 밤을 보내고 있었다.

잠 못 이루는 1박 2일의 인천 여행, 비록 과소비를 했지만 기억에 남을 만한 여행이었다. 지하철에선 고개가 춤을 추며 백일몽 꾸기에 바빴다.

잠 못 이룬 안동 여행

가장 가고 싶은 국내 여행지를 꼽으라면 난 서슴없이 '안동'이라고 말하고 싶다. 이는 갈 뻔했는데 못 가게 된 미련 때문이 클 것이다.

ㅇ신문사에 다닐 때의 일이다. 버스를 대절해 안동에 가게 되었다. ㄱ터미널에서 만나기로 했는데 길을 헤매다 약속시간보다 20여 분 늦었다. 사전에 신신당부했었다. "꼭 기다려달라고". 하지만 시간이 예정 시간보다 지나 차는 떠나고 말았다.

5월, 가정의 달을 맞이하여 어린이날, 2박 3일로 안동을 여행지로 정했다. 하지만 첫날은 저녁에 도착하고 올라오는 날은 첫 기차표라 1박 2일이나 마찬가지인 셈이다.

들뜬 마음으로 기차에 올랐다. 청량리역을 지나 원주-제천-영주, 높은 지대와 울창한 산이 들어왔다. 종착역인 안동에 도착하였다.

시대별로 문화재를 고르게 보유한 전통문화의 고장인 안동은 염상도사가 BC 57년에 세웠다고 한다. 1995년 전국에서 가장 넓은 면적을 가졌으며 유교·불교·민족문화의 고장이기도 하다.

안동역에 도착하자마자 짐을 풀기도 전에 월영교로 갔다. 월영교(月映橋)는 바닥과 난간을 목재로 만든 인도교로서 폭 3.6m, 길이 387m에 이르는 우리나라에서 가장 긴 나무다리이다. 이곳 안동댐 유역은 예로부터 '달골(月谷)'이었으며 산 중턱에는 옛 선비가 시를 읊었던 월영대가 옮겨져 왔다. 수많은 여행 인파를 뒤로하고 저녁을 먹으러 간고등어 파는 식당에 갔는데 오늘 예약은 다 끝났단다.

아쉬움을 뒤로하고 시장 먹자골목을 돌아 찾아낸 곳이 고깃집이었다. "공깃밥은 왜 이리 조금 주노. 안동인심이 왜 이러니 껴?" 우린 배를 채우고 묵을 방을 찾아 헤맸다. 찜질방, 민박집, 모텔…… 휴일이라 빈방 찾기가 힘들었다. 겨우 찾아낸 곳이 역 근처의 3류급 모텔이다. 그래도 찜질방보다는 좋지 않은가. 아이들은 상기되어 폴짝폴짝 뛴다. 그렇게 여행 첫날밤은 저물어 갔다.

둘째 날, '하회마을'을 찾았다. 아침은 어제 못 먹은 간고등어로 말이다. 하회마을로 가는 버스를 탔다. 중간중간 외국인도 보였다. 한 시간을 달렸을까, 버스 안은 웅성거리기 시작하였다.

하회마을은 낙동강이 태극 모양으로 돌아 흘러 하회(河回)마을이라 하며 외침을 한 번도 받지 않아 우리 조상들의 생활양식과 문화가 잘 보존되어 있다. 또 풍산 류씨가 600여 년간 대대로 살아온 한국의 대표적인 동성마을이며, 외가와 초가가 오랜 역사 속에서도 잘 보존된 곳이다. 특히 조선시대 대유학자인 류운룡과 임진왜란 때 영의정을 지낸 류성룡 형제가 태어난 곳이기도 하다.

하회 별신굿 탈놀이와 선유줄불놀이 등 유무형의 양반문화와 서민문화가 조화를 이루어 전승되고 있다. 1999년 4월에 가장 한국적인 고장을 찾아 영국 엘리자베스 2세 여왕이 이 마을을 방문했으며 2010년 7월에는 유네스코 세계유산에 등재되었다. 마침 하회 별신굿 탈놀이를 보게 되었다. 마을의 안녕과 풍작을 비는 별신굿 행사에 탈을 쓰고 놀이한 것으로 풍자와 해학적인 내용이 담겨 있다. 별신굿 탈놀이는 안동을 대표하는 민속놀이로 무동마당, 주지마당, 백정마당, 할미마당, 파계승마당, 양반·선비마당 등이 전승되고 있다.

탈놀이를 본 후 전통혼례가 있다고 해서 보았다. 선남선녀가 실제로 전통혼례를 하는 것이다. 아이들도 신기한 듯 하객으로 참여하여 결혼을 축하해 주었다. 굽이굽이 흐르는 낙동강 쪽으로 부용대가 듬직하게 버티고 서 있었다.

도산서원에 가야 하는데 시간은 저녁을 가리켜 안동댐으로 급히 발길을 돌렸다. 버스는 와룡면으로 달리고, 문화단지에서 내렸다. 차가운 바람이 얼굴에 스쳐 지나간다. 춥다. 한참 후 월영교 야경과 분수대를 다시 보고 싶어 왔다. 하지만 분수는 기대치에 미치지 못했다.

'금강산도 식후경'이라 안동찜닭으로 저녁을 먹었다. 맛있게 냠냠 먹고 어제 묵었던 숙소로 돌아왔다. 찬 바람을 쐐서인지 난 기침이 더 심해져 밤새도록 하였다. 한 시간이나 제대로 잤나. 앉아서 고개를 끄덕거렸다. 그렇게 오고 싶었던 안동을 아프려고 왔나 싶었다.

여행 마지막 3일째, 김밥으로 허기를 달래고 첫 시발

열차에 몸을 실었다. 잠이 스르르 밀려왔다. 도산서원과 이육사 문학관, 박물관 등은 다음을 기약하며 여독으로 잠에 취했다.

우리 가족만의 연고 없는 특별한 첫 여행, 설레고 가슴 뭉클한 안동 여행을 뒤로 한 채 가을에 또 하나의 추억 여행을 약속해본다. 각시탈 목걸이가 유난히 돋보이며 벌써부터 안동 한우와 헛제삿밥(제사음식과 같은 재료로 한 비빔밥)에 안동소주 한 잔이 그리워진다.

5월의 프러포즈

_장미축제

"계절의 여왕 5월엔 장미를 보러 중랑천변으로 오세요. 밤에는 알록달록한 조명들로 더 빛이 납니다."

그동안 구에서 축제를 주최하다 지난 15년부터는 서울시축제로 바뀌어 200여만 명이 방문하고 있다.

5km에 이르는 장미터널과 장미공원의 초록 장미 구간과 장미터널 야간조명, 메시지 장미터널 등의 빨간 장미 구간과 유채꽃밭 프러포즈 포토존, 장미 꽃비, 체육공원, 장미 쉼터 등의 파란 장미 구간 등이 빛을 발했다.

부스마다 장미의 날(장미 퍼레이드, 장미 재즈 콘서트, 장미 가요제) 연인의 날(장미 패션쇼, 사일런트 디스코,

로즈 & 뮤직 파티) 아내의 날(장미꽃 길 걷기, 장미 테이블) 등의 행사가 성대하게 펼쳐지고 있었다.

중랑천 체육공원에서는 지역 브랜드 홍보관과 체험, 푸드 트럭들은 기다랗게 줄을 선 손님들을 위해 손이 빨라졌다.

뭐니 뭐니 해도 장미축제의 하이라이트는 노래자랑과 장미음악회, 불꽃놀이인 것 같다. 지역 사람들이 각축전을 벌이며 노래를 부르고 교향악단에선 '아베마리아'가 울려 퍼지고 레이저와 음악과 영상이 함께하는 불꽃놀이를 보며 "와, 멋있다! 최고다!"라는 말을 연발하였다.

축제 기간 3일 동안 집 앞 도로엔 먹거리 부스들이 즐비해 골라 먹는 재미가 쏠쏠하지만 마치 먹자판을 방불케 해 장미를 보러 온 건지 먹으러 온 건지 혼돈되기까지 한다.

장미축제가 해를 거듭할수록 많은 관광객이 몰려와 구를 알리고 지역경제를 활성화하는 계기가 되지만 무분별한 먹거리와 쓰레기로 몸살을 앓고 있는 만큼 먹거리를 줄이고 다양한 이벤트 등을 했으면 하는 맘이다.

장미축제가 세계적인 축제가 되길 바라며 장미로 대표되는 예쁘고, 살기 좋은 동네로 거듭나기 위해 새로운 변화를 꿈꿔본다.

그린 토피아에서 행복을 심다

아이들이 다니는 중학교에서 가족 텃밭 나들이로 양수리에 있는 '그린 토피아'로 체험하러 간다.

우리 가족은 학교로 발길을 돌렸다. 중랑천에는 물새들이 반겨주고 산책로엔 오고 가는 사람들이 눈에 들어왔다. 후문엔 버스 한 대가 기다리고 있고 예닐곱 가족이 와 있었다. 얼마 만에 온 가족이 참여하는 버스 여행인가? 이젠 '출발~'

차창 밖으론 알록달록한 단풍으로 계절을 느끼기에 충분하였다. 주말이라 그런지 차가 가다 서기를 여러 번 하였다. 그래도 좋다. 여행은 마음을 들뜨게 하지 않는가.

한 시간여 만에 목적지에 도착했다. 일행은 먼저 화전 만들기에 도전하였다. 식용꽃이 78%에 이른단다. 노란 꽃잎, 빨간·보랏빛 꽃잎으로 예쁘게 장식해 화전을 만들었다. 먹기에 아까운 화전, 그래도 꿀꺽, 꽃향기가 입안에서 은은하게 퍼져나갔다. 다음은 배 잼을 만들었다. 배를 껍질째 강판에 갈아 끓이다, 산 성분이 있는 레몬즙과 설탕을 넣고 다시 끓였다. 응축되어 잼으로 변해가고 있었다. "빵에 발라 먹으면 맛있겠는걸."

슬슬 배가 고파왔다. 불고기에 미역국에 묵무침, 콩나물무침, 겉절이, 떡볶이까지 우린 식판을 가득 채워서 먹었다. 아이들은 "엄마, 이렇게 맛있게 밥해 주세요."

맛있게 먹고 동네 한 바퀴를 돌았다. 열 가구도 채 되지 않는 한적한 시골 동네에서 농장체험 등으로 수익을 창출하는 걸 보고 고향 생각이 절로 났다. 내 고향도 특화사업을 하면 좋을 텐데…….

오후 프로그램은 고구마 캐기와 배 따기이다. "이리 고구마가 크노." 이건 무라고 할 수 있었다. 알고 보니 튀김용이란다. 사람들은 고구마 캐기에 여념이 없었다. 호미로 고구마 주위의 흙을 살살 판 뒤 흔들어 뽑았다. 우리 가족은 네 봉지나 된다. 곧바로 과수원으로 가서 배를 땄다. 한 사람이 두 개밖에 못 딴단다. 배는 우리에게 일용할 양식을 주기 위해서 그동안 비바람 맞으며 꽃피우며 꿋꿋하게 버텨왔다. 고구마에 배까지 얻으니 부자가 된 것 같았다.

오늘 행사는 배 따기로 마치고 돌아오는 길에 두물머리에서 여유 있고 한가한 시간을 보냈다. 400년 동안이나 그 자리에서 듬직하게 버티고 있는 느티나무가 반겨주었으며 많은 인파가 주말, 늦가을의 정취를 즐기고 있었다. 두물머리는 아침 물안개와 일몰 등으로 아름다운 곳이기도 하다.

자유시간이라 가족과 동네 한 바퀴 돌았는데 연잎으로 만든 핫도그 가게 앞이 문전성시를 이뤘다. 한 입 베어 무니 초록빛 연잎이 묻어났다.

연잎도, 배다리도 한결같이 그곳에 있어 정겨웠으며 연꽃이 필 때 오면 좋을듯싶었다. 두물머리에 추억과 여운을 남기고 버스에 올랐다.

역사체험 교육의 장
_망우묘지공원

얼마 전 우리 중랑구가 역사문화 교육 특구로 지정돼 축하도 해주고 아이들이 방학을 맞아 자원봉사도 할 겸 아들 둘을 데리고 역사 체험교육 현장인 망우묘지공원을 찾았다.

이곳엔 현재 묘가 7,800여 기가 있는데 그중 애국지사, 정치가, 의사, 작가, 화가 등 각 분야의 선각자(한용운, 오세창, 유상규, 지석영, 방정환, 박인환, 이중섭 등)분들이 45여 분이나 잠들어 계시다.

망우묘지공원 사색의 길에 안장된 근·현대 유명인사의 업적 등을 향토 해설사님을 통해 귀담는 소중한 시간이었다.

아이들의 발길을 멈추게 한 곳은 방정환, 한용운 선생님 묘 앞이었다. '어린이날'을 만드는 등 아이들에게 큰 스승이었던 선생님 앞엔 하얀 국화꽃이 덩그러니 놓여있었다. 우린 선생님께 절을 올렸다. 한용운 선생님은 스님, 애국지사, 시인으로 활동했는데 스님이면서 대처승을 주장하여 결혼하셔 부인과 함께 고이 잠들어 계셨다.

안타까운 것은 〈독립신문〉, 〈흥사단〉 등을 조직한 애국지사인 도산 안창호 선생님은 애국 동지인 유상규 선생님 옆에 잠드는 것을 소원했지만 비석만 남아있고 오래전에 도산공원으로 이장되었단다. 힘을 합쳐 이곳에 다시 오시기를 기도드렸다.

숲들이 우거졌지만 중간중간 여름의 뙤약볕 속에서 구슬땀을 뚝뚝 흘리며 사색의 길을 걷는 학생들을 보니 우리나라의 미래가 밝음을 느꼈으며 역사 현장을 체험하는 뜻깊은 시간이었다. 두 녀석의 표정을 보니 얻은 것이 많은 듯 상기됐으며 엄마한테 씽긋 웃으니 오늘 행사에 참석을 잘했다는 생각이 들었다.

우리, 중랑구가 예전에는 공동묘지 동네, 어둡고 혐오스러운 구에서 다른 공원과는 달리 역사문화로 차별화된 시민의 공원으로 부상하였듯 세계 속의 망우묘지공원이 되기를 꿈꿔본다.

통일을 염원하며 DMZ를 가다

이산가족의 마음도 이러할까?
설렌다! 떨린다! 기대된다!

DMZ(Demilitarized Zone, 비무장지대) 통일안보가족 체험을 떠나는 마음은 벌써 북한 땅에 와 있는 것을……. 통일의 마음을 가득 담아 통일로, 미래로, 세계로 나아간다.

남북통일이여 영원하라!
동심을 심어 정성을 다하기에
통일은 분명 이루어지리라.

ㅁ 초등학교가 통일연구학교로 지정돼 전방 DMZ 안보 가족체험을 학교 임원들과 함께 임진각, 제3땅굴, 도라산 전망대 등으로 갔다. 네 대의 버스는 통일로를 향하고 있다. 한 시간쯤 달렸을까. 저 멀리 끊어진 다리가 눈에 들어왔다.

임진각은 6·25전쟁의 비통한 한이 서려 있는 곳으로 1972년 북한 실향민을 위해 세워졌다. 이곳에는 6·25 당시 마지막 증기기관차가 전시되어 있는 '철마는 달리고 싶다'와 북한 실향민을 위한 망배단, 한국전쟁의 대표 유산으로서 50여 년 만에 개방이 된 자유의 다리, 통일연못과 미국군 참전 기념비 등이 있는 통일안보 관광지로 경기도 내에서 가장 많은 외국인이 찾는 곳이기도 하다. 급히 두 아이와 함께 망원경으로 자유의 다리 등을 보려고 동전을 넣으려다가 아뿔싸! '또르르르' 떨어져 바닥 사이로 빠져 잃어버려 얼마나 곤욕을 치렀는지 모른다.

다음으로 말로만 듣던 제3땅굴을 갔다. 안전모를 쓰고 땅굴에 들어갔다. 올라올 땐 경사져 헉헉거리며, 힘이 들었다. 3땅굴은 북한이 기습작전을 목적으로 휴전선 비무장지대의 지하를 굴착해서 뚫어놓은 남침용 군사통로이다. 지난 1978년 판문점 남쪽 4km 지점인 군사분계선 남방 435m 지점에서 발견됐으며 높이 2m, 약 1.6km 달하는 암석층 굴진 아치형 구조물로 전술 능력은 한 시간에 3만 명의 병력을 수용할 수 있단다.

뱃속에선 밥 달라고 난리다. 돈가스와 육개장으로 든든히 채우고 도라산 전망대로 갔다. 버스 창문에 비친 가을 풍광은 말로 형언할 수 없을 정도였다.

도라산 전망대는 1987년부터 일반에게 공개됐으며 군사분계선 최북단에 자리 잡고 있어서 북한의 개성시와 송악산이 한눈에 들어오는 곳에 위치해 있다. 이곳에서 망원경으로 개성공단과 북한 선전마을 등이 그대로 선명히 보여서 분단한국의 안보교육을 위해 중요한 전망대 중의 하나이다.

지척인 곳에 한민족, 한겨레가 반세기 넘게 총부리를 겨누고 있는 암담한 현실 앞에 통일이 꼭 되어야 한다는 생각을 했다. 또 생태의 보고인 비무장지대를 개발하여 관광지로 거듭났으면 하고 임진각에 놀이공원이 있는데 미래지향적 통일관과 건전한 안보관을 고취시킬 겸 통일 안보체험관으로 탈바꿈했으면 하는 아쉬움이 남았다.

진실한 마음과 마음이 닿아
한반도에 지뢰와 철조망이 아닌,
대화와 이해로 평화의 날(통일)이 오기를 숙원하며
그날 북쪽으로 가는 첫 번째 역인
도라산역에서 평양으로 가는
기차를 타고 금강산의 사계와
나의 본(本)거지인 황해도 평산(平山)에 가보고 싶다.
진실로.

자연과 함께한 여름빛 문학기행

얼마 만에 찾은 문학기행인가? 3여 년 만에 펜클럽에서 주관하는 문학기행에 참석하였다. 그동안 경제활동을 한다고 시간적 여유가 없었는데 실업자가 되어 문학기행도 할 수 있게 돼 여간 기쁜 일이 아닐 수 없다.

국립고궁박물관에서 만남을 가졌는데 주최 측 외에 아는 사람들이 없었으며 내가 가장 막내였다. 일정은 서촌(세종마을)의 작가 발자취를 따라 걸으면서 문학기행을 하는 코스다.

먼저 경복궁 영추문 건너편에 빛이 바랜 '보안여관' 간판이 눈에 띄었다. '보안여관'은 일제강점기인 1936년 〈시인부락〉이라는 문학지의 산실이며, 가난한 예술가들이 드나들던 장소였다. 서정주, 김동리, 오장환, 김달진 등은 〈시인부락〉을 만들기 위해 이곳에서 작업을 했으며 특히 서정주는 이 여관에서 장기투숙을 했다고 한다.

"덥다. 더워." 땀이 등줄기를 따라 뚝뚝 떨어진다. 불고기 백반으로 점심을 맛있게 먹고 이상의 통인동 집터로 향했다. 본명이 김해경(金海卿)인 이상은 이태준, 박태원, 김기림, 정지용 작가와 친교를 맺었으며 1934년 구인회(九人會)에서 문학 활동을 하며 다방과 카페 등을 경영하였으나 실패하였다.

이상의 첫 여인인 금홍은 '제비다방'에서 마담으로 일했는데 다방 뒷방에 마련했던 작은 살림방이 〈날개〉의 무대이다. 노천명 집터는 작가가 친일파 등의 이유로 헐려, 서운함이 앞섰다.

〈오감도〉

十三人의 아해(兒亥)가 도로로 질주하오.

(길은 막다른 골목길이 적당하오.)

제 일의 아해가 무섭다고 그리오.
제 이의 아해가 무섭다고 그리오.
제 삼의 아해가 무섭다고 그리오.

중략

제 팔의 아해가 무섭다고 그리오.
제 구의 아해가 무섭다고 그리오.
제 십의 아해가 무섭다고 그리오.

– 이상

다음은 윤동주 시인이 6개월 정도 하숙했다는 누상동 집으로 향했다. 윤동주 시인은 절망 속에서도 희망을 노래한 시인이다. 그의 삶은 짧았으며, 독립운동 혐의로 일제의 감옥에서 마지막 숨을 거뒀다. 죽는 날까지 인쇄된 시집을 발행하지 못하고 육필시집을 세 권 만들어 해방 후 이미 세상을 뜬 후인 1948년에《하늘과 바람과 별과 시》가 발행되었다.

〈별 헤는 밤〉과 〈서시〉가 하숙 생활 때 쓰여 졌다. 하숙집 대문 앞엔 노랑과 빨간 우산에 〈별 헤는 밤〉 시가 쓰여 있었다.

고샅길이 끝나는 곳이 수성계곡이다. 이곳에서 아마도 윤동주 선생님은 발을 담그며 시상을 떠올리고 인왕산의 기운을 받아 한국 문학의 한 획을 그었는지도 모른다.

일행도 수성동 계곡에 발을 담그며 자연과 하나 되어 문인들과 이야기꽃을 피웠다. 졸졸졸 흐르는 계곡물에 발을 담그니 유년 시절이 떠오르고 발이 시원해 더위를 잊은듯하였다.

아이스크림으로 더위를 식힌 후 정철 생가터인 청운초등학교로 발길을 옮겼다. 통학로에 문학비가 세워져 있었다. 정철은 1536년에 태어나 1545년 을사사화가 일어나던 열 살까지 이곳에서 자랐다. 당시 그는 자주 궁중을 출입했는데 이는 큰누이가 인종의 후궁이며 셋째 누이가 계림군 류와 혼인하였기 때문이며 훗날 왕이 된 명종과 벗이 되기도 했다고 한다.

정철은 윤선도, 박인로와 함께 조선 3대 문인이며 정치인으로, 언문으로 천시받던 한글로 성산별곡, 사미인곡, 관동별곡을 창작하였다.

걷고 또 걸었다. 궁정동 2~3번지 일대는 지금은 청와대 무궁화동산으로 탈바꿈하여 시민들에게 개방되고 있다. 이곳은 〈가노라 삼각산아〉를 쓴 김상헌 작가의 집터이면서도 박정희 대통령의 시해 장소이기도 한 역사적·

문학적 가치가 높다고 하겠다.

〈가노라 삼각산아〉

가노라 삼각산아 다시 보자 한강수야
고국산천을 떠나고자 하랴마는
시절이 하수상하니 올동말동 하여라.
– 김상헌

청나라로 압송되어 가면서 자신의 심정을 시조로 남겼다고 한다.

올해 들어 가장 더운 날씨에 땀을 뻘뻘 흘리며 걸어서 문학기행 한 것은 힘들었지만 대선배 문인들의 작가정신을 본받고 엿볼 수 있는 알찬 하루였다. 아쉬움은 친일, 사회주의 등이 있는 작가들의 집터는 문학비조차 없이 철거되었다는 거다. 올해 마지막 문학기행인 만큼 마음에 물결이 일렁였다.

도심 속 동굴 테마파크
_광명동굴

도심에 동굴이 있다고 해서 마음먹고 가기로 했다. 대중교통을 이용해 어렵게 갔다.

광명동굴은 일제강점기 자원 수탈과 징용의 현장으로 광복 이후 근대 산업화에도 기여했다. 1972년 폐광 이후 40년간 버려진 채 새우젓 저장고로 사용하였었다. 금광 채광을 시작한 1912년부터 폐광된 1972년까지 황금이 채굴되었으며 현재도 황금이 묻혀 있다.

'동굴, 뭐 어두컴컴하고 볼 게 없겠지. 그런데 이게 뭐람.' 환상을 깼다. 연평균 12도를 유지하는 동굴은 빛으로의 환상여행, 동굴 속 물의 세계, 황금 이야기, 동굴 지하 세계탐험 등의 테마로 이뤄졌으며 레이저쇼, 아쿠아 수족관, 식물원, 소망의 벽, 공포체험관, 와인바, 레스토랑 등 다양한 볼거리가 있다.

이렇게 아름답게 동굴을 만들 수 있다는 건가. 감탄사만 연발하며 사람들에게 강추하기로 맘먹었다. 이 동굴 어딘가에 금이 묻혀있을 텐데, 경제난에서 벗어나길 바라는 맘에 '황금의 방'에서 잠시 머물렀다.

돌아오는 길에 광명 전통시장에 들렀다. 길게 늘어진 시장엔 싱싱한 야채와 생선 그리고 맛있는 음식들로 가득 찼고 삶의 현장을 느낄 수 있었다. 우린 부꾸미와 튀김을 먹었다.

이대로 헤어지기 아쉬워 차를 마시며 이런저런 이야기를 나누며 다음 만남을 약속하였다.